AF730315

निपट निरंजन की बानी

निपट निरंजन की बानी

सम्पादक
डॉ. राजमल बोरा

वाणी प्रकाशन
प्रकाशन के उत्कृष्टतम 62 वर्ष

सजिल्द प्रथम संस्करण : 1992
सजिल्द द्वितीय संस्करण : 2025

vaniprakashan.com

वाणी प्रकाशन
4695, 21-ए, दरियागंज, नयी दिल्ली-110 002
फ़ोन : + 91 11 23273167, 23275710
शाखाएँ
अशोक राजपथ, पटना-800 004, बिहार
कॉफ़ी हाउस कैम्पस, महात्मा गांधी मार्ग, प्रयागराज-211 001, उत्तर प्रदेश
महात्मा गांधी अन्तरराष्ट्रीय हिन्दी विश्वविद्यालय, वर्धा-442 001, महाराष्ट्र
sales@vaniprakashan.in
vaniprakashan@gmail.com

Nipat Niranjan Kee Bani
by Dr. Rajmal Bora

ISBN : 978-81-7055-236-9
A Collection of Nipal Niranjans religious poems

© सम्पादकाधीन

मूल्य : ₹ 495

इस पुस्तक के किसी भी अंश का किसी भी माध्यम में उपयोग
करने के लिए प्रकाशक से लिखित अनुमति लेना अनिवार्य है।

जी.एस. ऑफ़सेट, दिल्ली-110 095 में मुद्रित

वाणी प्रकाशन का लोगो मक़बूल फ़िदा हुसैन की कूची से

निवेदन

निपट-निरंजन बाबा के समाधि-स्थल पर लगभग सौ वर्षों से उनकी पुण्यतिथि के अवसर पर अन्नदान का आयोजन नियमित रूप में होता है। उक्त स्थान को दुरुस्त करने का क्रम भी जारी है। इस कार्य को करने वालों में कुछ नाम ऐसे भी हैं जो अब जीवित नहीं हैं। ऐसे नामों में श्री बिहारीलाल परदेसी, श्री मल्हारजी काका, श्री गणपतराव बढ़ई (कुंभारवाड़ा), श्री आसाराम पत्तेवाले, श्री रमाकांत भांड (बाजार गली) आदि प्रमुख हैं। इस समय भी भक्तों की एक मण्डली ऐसी है जो लगभग 50 वर्षों से इस परम्परा को जीवित रख रही है। उनमें श्री आसाराम जी सरोदे, श्री आसाराम कुंभकर्णजी, श्री तान्हाजी बरकशे, श्री लक्ष्मणराव सुरले, श्री संभूजी खांड़े आदि महत्त्वपूर्ण हैं। इस समय 'मराठा-मंडल, औरंगपुरु' के नाम से भंडारा होता है और यह क्रम जारी रहेगा।

लगभग पचास वर्ष से स्वामी श्री सरवनगिरी निपट-निरंजन के समाधि-स्थल पर रहते हैं। उन्होंने अपने प्रयत्न से जयपुर में बाबा की संगमरमर की मूर्ति बनवाई और मंगवाकर समाधि-स्थल का जीर्णोद्धार कर उसे नया रूप दिया है। उनके आवास से भक्तगण प्रसन्न हैं। स्वामी जी भक्तों की स्वास्थ्य सेवा का कार्य भी करते हैं। उन्होंने बाबा की पोथियों को जतन से रखा। उनके पास जो सामग्री उपलब्ध रही, उसी के कारण 'निपट-निरंजन की बानी'—का प्रकाशन हो रहा है।

प्रकाशन का काम सरल नहीं है। तदर्थ प्रयत्न करने पर कुछ भक्तगण तैयार हो गए। बेगमपुरा के निवासियों ने इस कार्य को सम्पन्न करने में विशेष सहायता दी है। श्री विनायकरावजी थत्ते का नाम प्रधान रूप से लेना होगा। उनके कारण और लोगों ने भी रुचि ली। समाधि-स्थल पर बिजली की व्यवस्था हुई है। इसी तरह प्रकाशन कार्य को भी गति मिली है।

डॉ० सानेजी ने समाधि-स्थल के निकट कुएँ पर बिजली के पम्प की व्यवस्था की है। इसी तरह विज्ञान-संस्थान (Institute of Science) में कार्य करने वाले डॉ० शशिधर अनेक जी ने छपाई की व्यवस्था हेतु विशेष परिश्रम किया है। धन-राशि एकत्रित करने में श्री दयाराम बसैया ने रुचि ली। सभी ने इस कार्य को अपना मान कर किया है।

और अंत में मराठवाड़ा विश्वविद्यालय के हिन्दी विभाग के रीडर डॉ० राजमल बोरा का नाम लेना आवश्यक है क्योंकि उपलब्ध सामग्री का सम्पादन उन्होंने किया है। आरम्भ में लम्बी परिचयात्मक भूमिका भी लिखी है।

और प्रकाशक बन्धु के सहयोग के कारण पुस्तक को उचित साज-सज्जा में प्रस्तुत करना संभव हुआ है।

प्रत्यक्ष-अप्रत्यक्ष रूप में जो भी इस कार्य में सहायक रहे हैं, उन सब के प्रति हम हृदय से आभारी हैं। इति शुभम्।

—निपट-निरंजन काव्य प्रकाशन समिति

निपट-निरंजन मन्दिर
पहाड़सिंहपुरा
औरंगाबाद गुफाएं मार्ग
औरंगाबाद-431004
(महाराष्ट्र)

अनुक्रम

1. निवेदन	5
2. प्रस्तावना	9
3. निपट-निरंजन और आलमगीर (औरंगजेब) का संवाद	53
4. निरंजन-वजीर का संवाद	94
5. नसीहतनामा	96
6. फकीर चालीसा	98
7. बाबा के प्रति आलमगीर के उद्‌गार	102
8. अलीफनामा	104
9. निपट-निरंजन की आध्यात्मिक बानी	107
10. दोहरे-संग्रह	156
11. सवैया-संग्रह	161
12. भजन-संग्रह	165

प्रस्तावना

औरंगाबाद में मराठवाड़ा विश्वविद्यालय ग्रंथालय के पीछे निपट बाबा की समाधि है। कहते हैं निपट बाबा ने संवत् 1755 (1698 ई०) में जीवित समाधि ली। औरंगाबाद में वे संवत् 1730 (1673 ई०) में आये थे। जीवन के अन्तिम 25 वर्ष वे यहीं पर रहे। औरंगजेब बादशाह भी इन दिनों में यहीं पर रहता था। उन दिनों मुगलों का मराठों से संघर्ष जारी था। मराठों की बढ़ती हुई शक्ति को देखकर वह यहाँ पर रहकर अपनी स्थिति मजबूत करना चाहता था। वह निपट बाबा के सम्पर्क में आया और उनसे प्रभावित भी हुआ।

(2)

पहाड़सिंह ओरछा के राजा वीरसिंहदेव के द्वितीय पुत्र थे। शाहजहां की कृपा के कारण ओरछा की गद्दी पहाड़सिंह को प्राप्त हुई। शाहजहां की ओर से पहाड़सिंह ने दक्षिण में लड़ाइयां लड़ीं और दौलताबाद पर विजय प्राप्त करने में सहायता दी। उस समय दौलताबाद से आगे बढ़कर, औरंगाबाद के निपट उन्होंने एक गांव बसाया।[1] गांव का नाम पहाड़सिंहपुरा रखा गया। निकट बाबा इसी पहाड़सिंह-पुरा में रहते थे और उन्हें रहने के लिए उक्त स्थान ओरछा की ओर से प्राप्त हुआ था।

(3)

इस समय निपट बाबा के आश्रम में (समाधि-स्थल के निकट ही) स्वामी लछमन-गीर रहते हैं। उनकी अवस्था इस समय 70 वर्ष है (1990 ई० में)। 1920 ई० में उनका जन्म हुआ और वे यहाँ 1942 ई० में आये और तब से यहीं पर हैं। स्वामी लछमनगीर से पहले यहाँ पंजाब से आये हुए श्री नारायणदास उदासी रहते

1. 'बुन्देलखण्ड का इतिहास' : गोरेलाल तिवारी, काशी नागरी प्रचारिणी सभा, वाराणसी, प्रथम संस्करण : संवत् 1990, पृ० 151

थे। चेतनदास नाम के उदासी भी यहाँ पर रहते थे। स्वामी लछमनगीर स्वयं को नागा सम्प्रदाय के सदस्य के रूप में बतलाते हैं, उनका मूल स्थान कानपुर से उन्नाव जानेवाले मार्ग पर पाली ग्राम है। वह ग्राम नागा बाबाओं का है। उसी गाँव से 1942 ई० में लछमनगीर औरंगाबाद आये और तब से यहीं पर हैं।

(4)

औरंगाबाद में श्री व्यंकट स्वामी सद्गुरे रहते हैं। राजा बाजार में उनका निवास स्थान है। उन्होंने निपट बाबा की संत बानी का संग्रह किया है। वे बतलाते हैं—

श्री निपट-निरंजन जी का काव्य-संग्रह करने की लगन करीब पचास वर्ष से महाराज की बानी जिन संतों से, कीर्तनकारों से मिली और औरंगाबाद के प्रख्यात कवित्त-गायक बल्लू पांडे, छन्नू पांडे तथा दुर्गा पांडे से विशेष बानी उपलब्ध हुई। आज से तीस वर्ष पूर्व निपट आश्रम से···वर्षों से निवास करने वाले वैद्यरत्न श्री लछमनगीर महाराज जी के मन में स्फूर्ति हुई। मेरे से भेंट लेकर जो संग्रह की हुई बानी को प्रकाशित करें ताकि जनता-जनार्दन तक पहुँचे। उस समय हिन्दी के प्रोफेसर भालचन्द्र तेलंगजी और मैंने बानियों का तथा जीवनी का संशोधन किया। लछमनगीर महाराज जी ने नगर के धनी मानियों द्वारा सद्गुरु सेवा मंडल स्थापित करके प्रकाशन निधि का संग्रह करके जगन्नाथ प्रेस, सराफा में प्रकाशित किया। उस समय प्रति का मूल्य सवा रुपये रखा गया। उसका उद्घाटन 13-12-1952 को श्रीमान बलवंतराव घाटे (भूलपूर्व सेशन जज) साहब द्वारा एक समारोह में हुआ। एक हजार प्रतियाँ कुछ ही दिनों में समाप्त हो गईं। मुझे तो लगन थी। बुरहानपुर से श्री हरिचन्द लाला खत्री के संग्रह से बहुत कुछ बानी जैसे—बाबा का शिष्य निरंजन को नाथ-गुफाओं का आत्मबोध, अलीफनामा, नसीहतनामा, वजीर-निरंजन संवाद और स्वयं शिष्य निरंजन की बानी तथा दोहे कवित्त, भजन, सवैये जो पहली प्रति में छापी नहीं गई और छपने के बाद जो संग्रह हुए उस संग्रह से श्री महाराजजी का यह मानस हुआ कि पिछली प्रति की बानी और पीछे संग्रहीत बानी सर्व एकत्र करें और जीवनी सहित बड़ी गाथा के रूप में प्रकाशित करने का संकल्प किया जाए। महाराज का यह प्रयास सराहनीय है।

—बानी संग्रहकर्त्ता श्री व्यंकटेश सद्गुरे के कथन से।[1]

(5)

श्री व्यंकटेश सद्गुरे ने न केवल बानी का संग्रह किया अपितु निपट बाबा के सम्बन्ध

1. हस्तलिखित प्रति के आधार पर।

में परम्परा से ज्ञात सामग्री को लिख दिया है। उसी को आधार मानकर परम्परा से ज्ञात तथ्यों का विवरण लिख रहा हूँ।

(6)

निपट बाबा बुन्देलखण्ड के मूल निवासी हैं। उनका जन्म बुन्देलखण्ड के चंदेरी गाँव में जिझौतिया जाति गौड़ ब्राह्मण कुल में हुआ। उनकी जन्म-तिथि बतलाने के लिए नीचे लिखी पंक्तियाँ प्रमाण स्वरूप दी गई हैं—

संवत् सोला सो असी, था अगहन का मास।
बुन्देलखण्ड द्विज गौड़ में, निपट भये प्रकास।।

इसके आधार पर यह कहा जा सकता है कि उनका जन्म 1680 संवत् में (1623 ई०) हुआ। जन्म के बाद माता-पिता ने क्या नाम रखा, इसे हम नहीं जानते। निपट नाम तो बहुत बाद में औरंगाबाद आने पर रखा गया है। बाल्यकाल के नाम के सम्बन्ध में अनुमान के लिए भी हमारे पास कोई आधार नहीं है। निपट नाम, इनके गुरु के द्वारा दिया गया नाम है। इनकी बाल्यावस्था में ही पिता का देहान्त हो गया। माता ने ही इनका लालन-पालन किया। बचपन में ये संतों को मिलने में रुचि लेते। रामलीला में भाग लेते। घण्टों बैठकर भगवान का भजन करते। इन्हें कवित्त रचने का शौक भी था। संवत् 1720 में (1663 ई०) ये अपनी माता को साथ लेकर बुरहानपुर आए। अपनी जन्मभूमि छोड़ दी। बुरहानपुर में लगभग 10 वर्ष तक वास किया। वहाँ से संवत् 1730 में (1673 ई०) औरंगाबाद आए। और तब से अन्त तक औरंगाबाद में ही रहे।

(7)

निपट बाबा औरंगाबाद आने के बाद में औरंगपुरा के निकट एक नाथ मंदिर के समीप रहने लगे। जीविकोपार्जन हेतु तारकसी (चमड़े का) व्यवसाय आरंभ किया। उसी समय बेगमपुरा के निकट पहाड़सिंहपुरा में एक घास की छोटी कुटिया बनाकर रहने लगे। व्यवसाय ने कारखाने का रूप लिया। बीस-तीस मजदूरों के साथ अपना कारोबार करते थे। कहते हैं कि निपट बाबा की माता ने मृत्यु से पूर्व निपट बाबा को उपदेश दिया। कहा—'बेटा, यह देह नश्वर है, जीवन क्षण भंगुर है। अतः मनुष्य को जो यह मानव शरीर मिला है, उसके प्रयोजन को जानो और तदनुसार अपने कर्तव्य का निर्णय करो। जो कहती हूँ, उस पर आचरण करो। यही मेरा उपदेश है।' माता की बात को निपट बाबा ने बड़े ध्यान से सुना। माता ही उनके लिए सब कुछ थी। उसी वर्ष संवत् 1734 में (1677 ई० में) उनकी माता स्वर्ग सिधार गई। उस समय निपट बाबा की अवस्था 54 वर्ष की थी। औरंगाबाद आए उन्हें चार बरस ही हुए थे। माता का अन्तिम संस्कार

करना था। किसी की सहायता नहीं मिली। निराश और हताश हो गए थे। मन पर बड़ा परिणाम हुआ। मन में बैराग जाग गया। घर के कारखाने की लकड़ियाँ एकत्रित की। घास की झोंपड़ी को स्वयं आग लगा दी। घर से चार फर्लांग की दूरी पर हनुमान टेकड़ी के निकट पहाड़ी के दामन में चिता रची। अकेले ही माता का शव उठाकर ले गए और चिता पर रखकर संस्कार किया। वैराग की भावना उसी समय मन में बस गई। माता के शव की राख को विभूति मान लिया और अपने शरीर को विभूति लगा ली। चिता के सामने खड़े हो गए और दृढ़ संकल्प किया कि माता के उपदेश का आचरण करूँगा। माता का आशीर्वाद तो मिला ही था। अब गुरु के आशीर्वाद के प्रति विश्वास जाग्रत हुआ कि गुरु स्वयं आयेंगे और उपदेश देंगे। निपट बाबा की देह सुगठित और सुडौल थी। स्वस्थ भी थे। वे कुछ दिन केवल दूध लेते रहे। बाद में दूध भी छोड़ दिया और जल पीकर रहे। कुछ दिनों तक नीम की पत्तियाँ बाँटकर खाते रहे और अन्त में निराहार रहकर योगाभ्यास किया। उनका ध्यान योग चलता रहा।

(8)

कहते हैं, लगभग तीन वर्ष बाद, जब निपट बाबा वटवृक्ष के नीचे ध्यान में बैठे हुए थे, उस समय साक्षात् अवधूत श्री भगवान दत्तात्रय प्रकट हुए। दर्शन दिया और प्रसन्न होकर कहा—'गुरु पौर्णिमा को देवगिरि (दौलताबाद) में होने वाले संत समागम में सम्मिलित होओ।' यह आदेश था। उसी समय दत्त-प्रभु ने शंख दिया। इसीलिए कहते हैं कि निपट बाबा की समाधि की पूजा के समय शंख ध्वनि में 'गुरु दत्त, गुरु दत्त' की ध्वनि सुनाई देती है।

(9)

उन दिनों में देवगिरि संतों के समागम का सिद्ध-पीठ माना जाता था। गुरु पूर्णिमा के अवसर पर यहाँ बड़ा मेला लगता था। परम्परा से यह मेला नियमित होता रहा है। इसमें सम्मिलित होने वाले इसी क्षेत्र के अनेक नाम हैं— दत्त अनुग्रही शिष्य नवनाथ, जनार्दन स्वामी, श्री एकनाथ, श्री मध्य मुनीश्वर, दासोपंत, मानपुरी, शहानूर मियाँ, मोमीन आरीफ, लंगोटबिन अंसारी, मुकुंदराज, अमृतराज आदि संत और साधक इस मेले में परम्परा के अनुसार अपने-अपने समय में एकत्रित होते रहते थे। श्री दत्त प्रभु के आदेश से निपट जी निश्चित तिथि पर इस मेले में पहुँचे। उस मेले में चर्पटनाथ जी भी आए थे। नाथों ने भिन्न-भिन्न प्रकार के विषैले जीव-जन्तु—सर्प, बिच्छु, कानखजूर, गिरगिट, केकड़ा, साँड़, केचवा, छिपकली आदि को एकत्रित कर कढाई में पकाकर औटाया, बाद में मंथन किया और सारे शिष्यों को दत्त-आदेश हुआ। संत लोग पंक्तिबद्ध बैठ गए। गुरु दत्तात्रय

जी ने 'शाबरी कवच' जप से जलसिंचन किया। आदेश हुआ। यह गुरु प्रसाद क्रम-क्रम से सभी संत तथा शिष्यों को बाँटते-बाँटते अन्त में निपट का नम्बर आया। विषैला प्रसाद कैसे ग्रहण करें, जरा-सा संदेह हुआ। चर्पटनाथ जी को यह बात समझ में आ गई। वे निकट आए और बाले—'जो भी तुम्हारे हिस्से में बचा है, इसे महाप्रसाद मानो। यही अवसर है। निपट लो।' इस आदेश को सुनते ही निपट ने उस प्रसाद को साफ पोंछ-पांछकर पी लिया। पीते ही खुमारी आ गई। सारे संतों में चर्चा होने लगी कि रहा-सहा प्रसाद पूरा निपट लिया। सभी संतों ने 'निपट' घोषित कर दिया। गुरु दत्त की कृपा और स्वयं की लगन के कारण यह उपाधि प्राप्त हुई। गृहस्थ जीवन में पहले जो भी नाम रहा हो, उसका लोप हो गया। श्री गुरु दत्तात्रय जी के आदेश से नवनाथों में से ही शिष्य चर्पटनाथ जी को सम्प्रदाय के नियमों के अनुसार निपट को गुरु मंत्र देने का आदेश हुआ। गुरु मंत्र मिला। सो, मंत्र पाते ही स्थिति में परिवर्तन हुआ। कुछ यों हुआ—

सहज समाधि मुद्रा लागी, पीवत है जो ब्रह्मरस प्याला।
तन मन अँखियाँ धुंद भई, तीनहु लोक भयो उजियाला॥
जात पात कछु भेद न राखो, प्रेम जगत की है इक माला।
निपट के गुरु चर्पट मौला, सूरा पिलाय दियो गुरु प्याला॥

(10)

कहते हैं श्री गुरु चर्पटनाथ जी एक बार निपट बाबा के आश्रम में आए। निपट को अनेक योगसिद्धियों का बोध करवाया। हठयोग, राजयोग, कुंडलिनीयोग, लय-योग, षटचक्रभेद योग, खेचरी कायाकल्प, किमियागिरी, साबरी विद्या…आदि आदि का बोध दिया। तब से गुरु की बताई हुई योग विद्या को अपनाने हेतु वटवृक्ष के नीचे, एकान्त में कोपीन धारण करके, धूनी ताप के योगाभ्यास करने लगे। साधना का क्रम इस प्रकार चलता रहा। परिणामस्वरूप कुंडलिनी जाग्रत हुई। ब्रह्मरंध्र के सहस्राधार चक्र से अमृत की धारा बरसी। आँखों में योग की खुमारी छा गई। योगसिद्धि प्राप्त होने के कारण शरीर की आकृति बदल गई। कभी गुप्त होवे। कभी प्रकट होवे। कभी जल के ऊपर चले। कभी सूक्ष्म शरीर धारण कर काशी, केदार, रामेश्वर, गिरिनार, गंगोत्री, जमुनोत्री सभी तीर्थों की यात्रा करे। सब कुछ सहज हो गया। कभी-कभी विदेह स्थिति में वृक्ष, फूल, डाली और पत्तों को पकड़कर, उनसे हँसकर बात करते थे। योग की ऊर्जा जाग्रत हो गई थी। कर-तल में खाना और तरुतल में शयन करना। यही क्रम जारी था। परम लक्ष्य की अनुभूति में निमग्न रहने लगे।

निपट बाबा नाथ पंथी चर्पटनाथ जी से जुड़े हुए हैं। अपने परिचय में वे चर्पटनाथ का उल्लेख करते हैं। कहते हैं—

आलमगीर क्या देत है, आलम को जहांगीर।
चर्पट का पंजा यहाँ, दूजा देखे फकीर ॥

चर्पटनाथ का परिचय देते हुए आचार्य हजारीप्रसाद द्विवेदी ने लिखा है—

> ये (चरपट या चरपटीनाथ) गोरखनाथ से थोड़ा परवर्ती जान पड़ते हैं। वज्रयानी सिद्धों में भी इनका नाम आता है। तिब्बती परम्परा में इन्हें मीनपा का गुरु माना गया है। नाथ परम्परा में इन्हें गोरखनाथ का शिष्य कहा जाता है। इनके नाम से प्रचलित बानियों में रस-विषयक इनके ज्ञान का पता चलता है। एक पद में इन्होंने अपने को गोपीचंद का गुरुभाई कहा है। ऐसा अनुमान किया जा सकता है आरंभ में ये रसेश्वर सम्प्रदाय में थे और बाद में गोरखनाथ के प्रभाव में आ गए।[1]

चर्पटनाथ के समय में और निपट बाबा के समय में काफी अन्तर है। गोपीचंद की सबदी में, चर्पट को गोपीचंद ने अपना गुरुभाई कहा है। पंक्ति इस प्रकार है—

गुरु हमारे गोरष बोलियै। चरपट है गुरुभाई ॥[2]

जो गोपीचंद का समय है, वही चर्पटनाथ का समय कहना होगा। निश्चित ही चर्पटनाथ गोपीचंद के साथ रहे हों। नाथ सिद्धों की बानियों का सम्पादन आचार्य हजारीप्रसाद द्विवेदी ने किया है। इस सम्पादन में उन्होंने गोपीचंद तथा चर्पटनाथ की बानी का भी संग्रह किया है। चर्पटनाथ सिद्ध पुरुष थे। ऐसे सिद्ध पुरुषों का परिचय देते हुए डॉ० नागेन्द्रनाथ उपाध्याय ने लिखा है—

> भारतीय धर्मसाधना के इतिहास में अनेक प्रकार के सिद्धों के नाम मिलते हैं। इनमें से कुछ नाथ सिद्ध हैं, कुछ बौद्ध सिद्ध, कुछ रस सिद्ध या रसेश्वर सिद्ध, कुछ शैव सिद्ध, कुछ महेश्वर सिद्ध आदि। सम्प्रदाय को यदि दीक्षागत परम्परा माने तो इन सिद्धों को विभिन्न धार्मिक सम्प्रदायों में विभाजित करना और कठिन हो जाता है। वस्तुतः अनेक धार्मिक एवं साधनात्मक सम्प्रदायों में विभाजित होते हुए भी इन सिद्धों को ऐसी स्थिति में, जब वे सिद्ध अथवा महासिद्ध मान्य हो चुके हैं, सामान्यतया लोक मान्यता को देखते हुए किसी एक सम्प्रदाय में बाँधना उचित नहीं है। इसी आधार पर उपर्युक्त किसी भी सूची को बौद्ध सूची या शैव सूची या नाथ सिद्ध सूची कहना

---

1. 'नाथ सिद्धों की बानियाँ', सम्पादक : हजारीप्रसाद द्विवेदी, नागरीप्रचारिणी सभा, वाराणसी, द्वितीय संस्करण : संवत् 2035, पृ० 17
2. वही, पृ० 7

समीचीन नहीं है।[1]

डॉ० नागेन्द्रनाथ सिद्धों के नामकरण के सम्बन्ध में बतलाते हैं—

> कभी एक सिद्ध एक प्रकार की सिद्धि प्राप्त कर लेने के बाद जब दूसरी सिद्धि प्राप्त करने के लिए दूसरे गुरु से दीक्षा लेता है तो उसके साथ ही उसका पूर्व नाम भी पूरी तरह या यत्किंचित परिवर्तित हो जाता है। कभी दूसरे सम्प्रदाय में दीक्षित होने पर भी नाम परिवर्तन होता है। एक गुरु से दीक्षित होने पर भी नाम परिवर्तन होता है। एक गुरु से दीक्षित होने पर बाद में लोग दीक्षित व्यक्ति को भी उसके गुरु के नाम से पुकारने लगते हैं। चरम सिद्धि प्राप्त हो जाने पर उपास्यदेव की उपाधि या उसका नाम ही उसे दे दिया जाता है। इन सिद्धों में भी अवतारवाद का प्रचार था। एक सिद्ध के सिद्धान्त और साधना प्रणाली का प्रचार करने वाला दूसरा सिद्ध भी उसी नाम से पुकारा जाने लगता है। इन सब कारणों से सूचियों में एक ही सिद्ध के कई नाम मिलते हैं।[2]

सिद्ध पुरुषों की आयु के सम्बन्ध में वे आगे लिखते हैं—

> सिद्धि प्राप्ति के कारण तथा अतिमानवीय विशेषताओं के कारण अनेक सिद्धों की आयु 300-400 से लेकर 700-800 वर्षों तक की स्वीकार कर ली जाती है। नागार्जुन, आर्यदेव, गोरखनाथ, भर्तृहरि आदि के विषय में इस प्रकार का विश्वास किया जाता है और इसके समर्थन में अनेक प्रमाण एकत्रित अथवा उत्पन्न किए जाते हैं। परिणामतः इन सिद्धों के कालनिर्णय में बहुत-सी कठिनाइयाँ उत्पन्न हो जाती हैं। जिस देश में यह मान्यता हो कि संन्यास ग्रहण करने के बाद पूर्वाश्रम के नाम-ग्राम की चर्चा नहीं की जानी चाहिए तो सिद्धों के विषय में यह बात और संगत रूप में घटित होती दिखाई पड़ती है।[3]

डॉ० नागेन्द्रनाथ उपाध्याय के उपर्युक्त कथनों को ध्यान में रखकर निपट बाबा और चर्पटनाथ के सम्बन्धों पर विचार करें तो ठीक होगा। 'निपट'—नामकरण का प्रसंग ऊपर दिया हुआ है। निपट के पूर्वाश्रम का नाम हम नहीं जानते। यह नाम गुरु के द्वारा दीक्षित होने के उपरान्त मिला है। सन्तों के मेले के प्रसंग में चर्पटनाथ ने आदेश दिया था—'निपट लो' और निपट ने वही किया जिससे वे

---

1. 'बौद्ध अपभ्रंश कवि कृष्णपाद', डॉ० नागेन्द्रनाथ उपाध्याय, संजय बुक सेन्टर, वाराणसी, प्रथम संस्करण : 1989, पृ० 14
2. वही, पृ० 15
3. वही

'निपट' कहलाने लगे। इसी तरह सिद्धों की आयु को अतिमाननीय मानें तो चर्पट-नाथ का समय निपट बाबा तक खींचना होगा।

(12)

ऐतिहासिक रूप में निपट बाबा औरंगजेब के समकालीन हैं। संवत् 1730 अर्थात् 1673 ई० में वे बुरहानपुर से औरंगाबाद आए। उस समय इस शहर का नाम औरंगाबाद हो गया था। 1636 ई० शाहजहाँ ने औरंगजेब को औरंगाबाद का (दकन) सूबेदार नियुक्त किया था। उसी समय इस नगर का नामकरण औरंगाबाद हो गया था। 1636 से 1644 ई० तक वह यहाँ सूबेदार रहा। उसके बाद सूबेदार बदलते गये। जब 1673 ई०में निपट बाबा आए तो उस समय खान-जहाँ-बहादुर कोकलताश औरंगाबाद के मुगल सूबेदार थे। आरम्भ में निपट बाबा यहाँ अपनी माता के साथ रहते थे और अपना कारोबार करते थे। चार वर्ष बाद 1677 ई० में माता का निधन हो गया। उस समय तक खान-जहाँ-बहादुर कोकल-ताश ही सूबेदार थे। बाद में उसी वर्ष 1677 ई० में दिलेरखान सूबेदार हुए। 1677-1680 या 1681 तक का काल ऐसा है (लगभग 4 वर्ष) जिसमें वे साधना करते रहे। माता के निधन के बाद वैरागी वृत्ति अपना ली थी। बाद में दत्तात्रय के आदेश से देवगिरि के संतों के मेले में गए। माता के निधन के बाद एक वर्ष के भीतर ही यह मेला 1678 ई० में हुआ हो और 1678 ई० से 1681 तक वे चर्पटनाथ गुरु की मंत्रणा और आदेश के अनुसार साधनापथ पर रहे। 1682 ई० तक वे पूरे सिद्ध हो गए थे। 1682 ई० से 1698 ई० तक के अन्तिम 16 वर्ष वे सिद्ध रूप में ख्यात रहे। यह जीवन काल उनकी उपलब्धियों का जीवनकाल है। 1698 ई० में उन्होंने जीवित समाधि ली।

(13)

औरंगजेब 1682 ई० में पुन: औरंगाबाद आया और तब से अन्त तक लगभग 25 वर्ष तक वही यहाँ का शासन करता रहा। एक प्रकार से मुगलों का केन्द्रीय स्थान औरंगाबाद हो गया था। 1682 ई० में जब वह यहाँ आया तो उस समय में निपट बाबा का नाम सिद्ध-योगी के रूप में ख्यात हो गया था।

(14)

निपट बाबा के सिद्ध-पुरुष हो जाने के बाद की अनेक चमत्कृत घटनाओं का विवरण मिलता है। भक्तों ने उन्हें याद रखा है और परम्परा से उन घटनाओं को सुनाते रहे हैं। ऐसी कुछ घटनाएं व्यंकटेश सद्गुरे ने लिखी हैं। अलग-अलग घटनाओं का विवरण आगे दे रहा हूँ।

कीला चुभना : एक दिन निपट बाबा जंगल से गुजर रहे थे । रास्ते में घोड़े की नाल पड़ी हुई थी । उस पर अचानक निपट बाबा का पैर पड़ गया । पैर में कीला धंस गया । रक्त बहने लगा । बाबा का ध्यान, उस ओर गया ही नहीं । वे अपनी ही धुन में थे । एक मालन की दृष्टि पैर से बहते रक्त प्रवाह की ओर गई । वह तुरन्त बोली—'महाराज, आपके पैर में नाल का कीला गड़ गया है, जिससे खून बह रहा है । कीले को निकाल लीजिए ।' किन्तु महाराज ने मालन के कथन की ओर ध्यान नहीं दिया । जैसे कुछ हुआ ही नहीं । मालन से रहा नहीं गया । वह बार-बार निवेदन करती रही । किन्तु निपट का जो हाल था, उसे पंक्तियों में यों व्यक्त किया गया है—

भाई निपट करतार को, भाई घोड़े की चाल ।
जिसने पग में ठोंक दी, उसका उसको ख्याल ॥

मस्ती में निपट बाबा कह गए और आगे बढ़ गए । अपनी कुटिया पर आए और ध्यान से बैठ गए । कहते हैं कि जब निपट बाबा ध्यान-मुद्रा में थे, उसी समय स्वयं भगवान् प्रकट हुए और पैरों की कील निकाल दी और अपने हाथों जखम को धोया और उपचार करके चले गए । श्री व्यंकट स्वामी सद्गुरे बतलाते हैं कि इस घटना का विवरण भक्त लीलामृत में भीमस्वामी ने ओवियो में (मराठी छंद है), मराठी में लिखा है ।

(15)

रेवड़ियाँ प्रसाद हो गईं : एक बार ये (निपट बाबा) जूना बाजार से अपनी कुटिया की ओर लौट रहे थे । बेगमपुरा से गुजरते समय उन्होंने देखा कि गोमाजी नाइक के हौज के पास एक रेवड़ी वाले ने अपने खोमचे को रास्ते में खड़ा कर दिया और स्वयं पानी पीने के लिए हौज पर चला गया । दूर से निपट बाबा ने यह सब देखा । निपट बाबा की दृष्टि रास्ते पर खड़े रेवड़ी के खोमचे पर गई । थाल में रेवड़ियों को देखकर मन ललचाया । महाराज ने मन को समझाया—'अरे, पाजी, अगर तू थाल में रखी रेवड़ी खाएगा तो बदले में जूते भी खाने पड़ेंगे । कहा, मान जा और चुप रह···' किन्तु मन कहीं मानता है ? मुट्ठी भर कर रेवड़ियाँ ले ही लीं । ठीक उसी समय रेवड़ी वाले ने पानी पीते-पीते दूर से देख लिया । वह दौड़ा आया और अपने पैर का जूता निकाल कर पीछे-पीछे दौड़ा । महाराज की पीठ पर उसने जूते लगाए । महाराज, उस समय हँसते हुए अपने मन को कहते हैं—'अरे, तूने मेरा कहना माना नहीं । अब जूते खाओ ।' और महाराज जोर-जोर से हँसने लगे । रेवड़ी वाला तो चकित हो गया । उसने देखा कि संभवत: कोई तीसरा व्यक्ति वहाँ होगा । किन्तु कोई नहीं था । समझ नहीं सका कि कौन किससे कह रहा है ? बाद में रेवड़ीवाले ने देखा कि ये तो निपट बाबा हैं । कहा—'महाराज,

मुझे क्षमा करो। मैंने आपको देखा नहीं था। मुझसे बड़ा अनर्थ हो गया है।' क्षमा माँगते हुए महाराज के चरणों पर गिर पड़ा। महाराज ने उसे उठा लिया और कहने लगे—'तूने मेरे मन को जो सजा दी वह ठीक थी। मैंने तो पहले ही इस पाजी मन को समझाया था कि देख जूते खाने पड़ेंगे और उसे वह दण्ड मिला है।' रेवड़ीवाला सब कुछ सुनता रहा। उसे कुछ भी समझ में नहीं आया। वह सीधे भाव से बोला—'इस थाल में रखी सारी रेवड़ियाँ आपकी ही हैं। प्रसाद समझिए। ऐसा पवित्र अवसर पुनः कहाँ मिलेगा ? जो भी चाहिए ले लीजिए।' कुछ दर्शक-वृन्द जमा हो गए। उनसे भी वह बोला—'प्रसाद है, ले लीजिए।' कहकर वह रेवड़ियाँ बांटने लगा। थाल की रेवड़ियाँ दुगुनी हो गईं। इससे निपट बाबा की ख्याति दूर-दूर तक व्याप्त हो गई। रेवड़ियाँ तो बाद में निपट बाबा का प्रसाद हो गईं।

(16)

निपट बाबा का औरंगाबाद में रहने का काल 1673 ई०से 1698 ई० है। लगभग 25 वर्ष तक वे यहाँ रहे। यह वह समय है, जब औरंगाबाद में, संत, जोशी, सूफी और तरह-तरह के लोग यहाँ आया करते थे। इनमें से कुछ नाम तो बहुत प्रसिद्ध भी हैं। वली औरंगाबादी, जो उर्दू भाषा का प्रथम कवि माना जाता है, उसका काल भी लगभग यही है। वली की मृत्यु-तिथि 1707 ई० बतलाई जाती है।[1] औरंगजेब की मृत्यु भी उसी वर्ष हुई थी। कहते हैं मध्व मुनीश्वर तीर्थयात्रा करते-करते औरंगाबाद पहुँचे थे और उनकी भेंट निपट-निरंजन से हुई थी। औरंगाबाद से मध्व मुनीश्वर सेंदुरवाड़ा गये और वहीं पर इन्होंने जीवन का अधिक काल व्यतीत किया। और सेंदुरवाड़ा के ही शक संवत् 1653, मार्गशीर्ष पौणिमा (1731 ई०) को अपना देह त्याग किया।[2] इनकी वाणी की तुलना निपट बाबा की वाणी की परंपरा से मेल खाती है। आचार्य विनयमोहन शर्मा ने मध्व मुनीश्वर के 27 हिंदी पद अपनी पुस्तक में दिये हैं और उनकी भाषा की विशेषताएँ बतलाते हुए यह माना है कि उनकी भाषा औरंगाबादी है।[3]

---

1. 'वली ग्रंथावली', भाग 2, डॉ० मुहम्मद आजम, अन्नपूर्णा प्रकाशन, कानपुर, प्रथम संस्करण, 1979 ई०, पृ० 11
2. 'हिन्दी को मराठी सन्तों की देन', आचार्य विनयमोहन शर्मा, बिहार राष्ट्र-भाषा परिषद, पटना, प्रथम संस्करण, 1957 ई०, पृ० 197
3. वही, पृ० 197 से 200 तथा 375 से 384

(17)

निरंजन : निरंजन निपट बाबा के शिष्य का नाम है। निपट बाबा की माता की मृत्यु 1677 ई० में हुई। उसके ठीक चार बरस बाद में 1681 ई० तक सिद्धि प्राप्त कर चुके थे और तब से उनके पास आने-जाने वालों की संख्या बढ़ गयी थी। उनका आश्रम 'आनंद आश्रम' कहलाने लगा। कई प्रकार के जोगी, संन्यासी, सूफी, साधु, पंडित, मौलवी, फकीर आदि उनके पास आते थे और ठहरते थे। कुछ दिन विश्राम कर फिर यात्रा पर निकल जाते। कहते हैं, इन्हीं दिनों सत्संग में उपस्थित संतों में से किसी ने महाराज के सम्मुख अखाड़े में से एक बालक को प्रस्तुत करते हुए कहा—'इसे मंत्रोपदेश दीजिए और अपना शिष्य बना लीजिए। यह आपकी सेवा में रहेगा।' महाराज ने उसकी योग्यता देखी और गुरुमंत्र दे दिया। वह उनका शिष्य बन गया। उसका नाम 'निरंजन' रखा गया। उसकी सुपात्रता ऐसी रही कि कुछ ही दिनों में उसने महाराज से योग विद्या प्राप्त कर ली। उसकी सेवा से महाराज रीझ गए और उसे योग्य जानकर महाराज अपने नाम के साथ उसका नाम जोड़ने लगे। कहने लगे—'निपट-निरंजन'। वैसे ही जैसे 'रामदास-कल्याण'।

(18)

इसी बीच कहते हैं, कुछ आडंबरी साधुओं का बड़ा जत्था महाराज के आश्रम में आया। साधुओं ने कहा—'महाराज, हम बड़ी दूर से आये हैं। चलते-चलते थक गये हैं और थकावट के कारण हमें भूख लगी है। भोजन का शीघ्र प्रबन्ध कीजिए।' महाराज बोले—'आप लोग स्नान आदि से निवृत्त हो जाओ, भोजन तैयार है।' साधुओं ने विचार किया, इतनी जल्दी भोजन कैसे तैयार होगा? वे सब स्नान आदि से निवृत्त होने चले गये। ऐसे समय महाराज ने निरंजन से कहा, 'जाओ और वट वृक्ष के कुछ पत्ते लाओ और उसकी पत्रावली तैयार कर लो।' उसी वट वृक्ष के नीचे जलकूप रखकर बाबा ने एक चादर से गुरु दत्त की कुछ विभूति डाल कर ढँक दिया। बाद में चादर उठाई तो देखा, 'इच्छा-भोजन' अमृत समान तैयार है। साधु लोग तब तक पहुँच गये थे और भोजन के लिए शोर कर रहे थे। सबको इच्छा-भोजन प्राप्त हुआ और सभी तृप्त हो गये। आडंबरी साधुओं ने चमत्कार देखा तो महाराज की शरण में गये। निपट बाबा के करामात की उन्हें प्रतीति हुई। विदाई माँगी। निपट जी ने अपने शिष्य निरंजन से कहा—'इन्हें दक्षिणा दे दो।' दक्षिणा ली और वे चले। नाले के निकट किनारे बैठा हुआ एक बगला पक्षी दिखलाई दिया। सभी साधुओं की दृष्टि उस पक्षी पर पड़ी। साधु बोले, 'महाराज इस बगले को देखिए।' तुरन्त महाराज की वाणी प्रस्फुटित हुई। बोले—

स्वेत बरन, मिटत नयन, एक चरन दो ध्यान।
जानत हूँ, भगत हो, 'निपट' कपट की खान॥

मन मैला, तन उजला, बगला का सा भेष।
वा से तो कागा भला, जो बाहर भीतर एक ।।

साधुओं ने सुना तो मन-ही-मन अपनी करतूत पर पछताए। जान गये कि ठीक उपदेश मिला है। उस उपदेश से स्वयं को धन्य माना और महाराज की जय-जयकार करते हुए वहाँ से चले गए।

(19)

शाहजहाँ बादशाह 1636 ई० में स्वयं दक्षिण आया था। उस समय उसने दौलताबाद पर विजय प्राप्त की। दक्षिण के बादशाहों (बीजापुर और गोलकोण्डा के) की सीमाओं से मुगल सीमाओं का उसने निर्णय किया। अहमदनगर का प्रदेश मुगल साम्राज्य में मिला लिया और लौटते समय शाहजहाँ ने दक्षिण की सूबेदारी औरंगजेब को सौंप दी। 1636 ई० में उसने इस सूबेदारी को सौंपते समय औरंगजेब को अपने निवास का नाम बदलकर औरंगाबाद रखने की आज्ञा दे दी। तभी से इस नगर का नाम औरंगाबाद हुआ। औरंगाबाद का पहला मुगल सूबेदार औरंगजेब ही हुआ। वह 1636 ई० से 1644 ई० तक वहाँ रहा। बाद में 1658 ई० में वह पुन: सूबेदार होकर आया किन्तु 1659 ई० में वह पुन: उत्तर की ओर गया। उसी वर्ष वह बादशाह हुआ। 1659 ई० से 1682 ई० तक उसके शासन काल में और और लोग सूबेदार होते रहे। जीवन के अन्तिम दिनों में 1682 ई० में वह पुन: यहाँ आया और तब से प्राय: वह यहीं रहा। 1707 ई० में उसकी मृत्यु भी इसी क्षेत्र में हुई।

(20)

निपट-निरंजन और औरंगजेब की भेंट : 1682 ई० में औरंगजेब के पुन: दक्षिण में आकर निवास करने पर, उसने नगर की रक्षा हेतु चारदीवारी बनाने का आदेश दे दिया। खानजहाँ बहादुर के निर्देशन में 6 मील के घेरे में चारदीवारी बनी। औरंगजेब धार्मिक प्रवृत्ति का था। फकीरों, मौलवियों और अन्य जो भी साधु सन्त होते थे, उन सबकी परीक्षा लेता था और उनसे खुश होता तो उन्हें जागीरें प्रदान करता था। 1682 ई० तक निपट-बाबा सिद्ध हो चुके थे और उनकी ख्याति नगर में फैल गयी थी। औरंगजेब जब यहाँ आया तो उसने निपट बाबा का नाम सुना। औरंगजेब की इच्छा बाबा से मिलने की हुई। अपने वजीर के जरिए उसने बाबा से कहलवाया। बादशाह का संदेशा पहुँचा। शिष्य निरंजन से कहा गया—'बादशाह सलामत मिलने के लिए आने वाले हैं। संदेशा गुरुजी को दे दें।' निरंजन ने वजीर का संदेशा गुरुजी को दिया। कहा—'शहंशाह औरंगजेब आपसे मिलने के लिए कल तशरीफ ला रहे हैं।' उस समय महाराज को जूड़ी ताप था। स्वस्थ नहीं थे।

दूसरे दिन सबेरे वजीर की ओर से संदेशा पहुँच गया कि बादशाह सलामत शीघ्र ही लवाजमे के साथ कुटिया की ओर आ रहे हैं। कुछ सिपाही शाही इन्तेजाम के लिए आगे-आगे चले आ रहे थे। डफ और ढोल लिए हुए लोग भी थे। बादशाह हाथी पर सवार थे। हाथी के दोनों ओर सिपाही हथियारबंद थे। सामने शाही झंडा लिए सिपाही चल रहे थे। निरंजन ने दूर से सारा दृश्य देखा तो दौड़ा-दौड़ा बाबा के पास पहुँचा। कहा—'गुरुदेव, बादशाह हाथी पर सवार लवाजमे के साथ आपसे मिलने के लिए आ रहे हैं।' बाबा को उस समय जूड़ी चढ़ी हुई थी। गोदड़ी का सहारा था। बोले—

अरी गोदड़ी बावरी, राखो शीत शरीर।
निपट परीक्षा लेन हित, आवत आलमगीर॥

इतना कहते ही महाराज की जूड़ी को गोदड़ी ने स्वयं ले लिया। गोदड़ी स्वयं काँपने लगी। बादशाह तो उस समय हाथी पर सवार थे। महाराज स्वयं अपने योगबल से सामने की दीवार पर चढ़ गये और वह जड़ दीवार चलने लगी। (ज्ञानेश्वर के संबंध में दीवार चलाने वाली किंवदन्ती इसी प्रकार प्रसिद्ध है) जब बादशाह की नजर हाथी पर से दीवार पर चले आ रहे महाराज की ओर पहुँची तो बादशाह सलामत हाथी से नीचे उतर गये। बा अदब हाथ जोड़कर नजदीक पहुँचकर चरणों में सिर झुकाया। उधर बाबा भी दीवार को पहले ही छोड़ चुके थे। बाबा आगे-आगे और पीछें-पीछे बादशाह चलने लगे। दोनों कुटिया पर आये। बादशाह पाँचों वक्त नमाज़ पढ़ते थे। नमाज़ पढ़ने का वक्त हो गया था। इसलिए बाबा से पहले नमाज़ पढ़ने की इज़ाज़त चाही। वहीं से कुछ दूर पहुँचकर उन्होंने नमाज पढ़ ली। बाद में लौटकर पुनः महाराज के पास आये। उस समय महाराज ने तुरन्त कवित्त सुनाया—

नमाज़ पढ़ी जाने खुदा, रियाज बड़ी जाने,
सिजदा करि जाने वजू कल्मा पढ़ी जाने है।
रमज़ान रोज़ा जाने, मोहरम ताज्या जाने,
नज़रे नियाज़ जाने, इबादत जाने है॥
कुरान आयत जाने, इल्म शरीयत जाने,
मक्का और मदिना जाने, ज़ियारत जाने है।
कै निपट निरंजन, सुनो आलमगीर,
दिल दरगा के बीच पीर नहीं जाने है॥

और भी 'कवित्त' सुनाए। वे सब आगे संवाद के अन्तर्गत दिये गये हैं। बादशाह ने सुना। चकित हुआ। आस पास का दृश्य सुहावना लगा। प्रकृति रमणीय लगी। इच्छा हुई की यहीं आस-पास डेरा डालकर रह जाएँ। तम्बू तन गये। सारा इंतजाम हो गया। बादशाह सलामत वहीं पर रह गये। कहा गया कि बादशाह

सलामत बाबा का सत्संग चाहते हैं। उस रमणीय वातावरण में बादशाह का भी मन लग गया।

(21)

मक्के के बेर : कुछ मक्के के बेर बादशाह सलामत के पास थे। बाबा की परीक्षा लेने हेतु औरंगजेब ने मक्के के बेर की ख्वाहिश जाहिर की। कहा—'मक्के शरीफ के बेर, महाराज तबरुक समझकर मुझे ला दें तो वह तबरुक सबको दी जायेगी।' बादशाह के इस प्रस्ताव को बाबा समझ गये। उन्होंने तुरन्त अपने योगबल का सहारा लिया। सूक्ष्म शरीर धारण कर लिया। तोते का शरीर धारण कर विहंग मार्ग से मक्का शरीफ पहुँच गये। वहाँ पर बेर का वृक्ष देखा और उससे बेरों का गुच्छा लिए तुरन्त उसी मार्ग से लौट आये। आश्रम में पहुँचते ही, उन्होंने पूर्ववत् रूप धारण कर बेर बादशाह के पास पहुँचा दिये। बादशाह के पास नमूने का बेर था। मिलान कर देखा। वह सब ठीक लगा। बेर सम-समान थे। बेर सबको बाँटे गये। कहते हैं, आज भी लोग निपट बाबा का प्रसाद बेर के रूप में बाँटते हैं।

(22)

आलमगीर बादशाह निपट बाबा की सिद्धियों को देखकर चकित हो गये। उन्होंने अपना आठ दिन का मुकाम आगे बढ़ा दिया। बाबा सत्संग करते। सवाल पूछते थे। बाबा की ओर से उत्तर मिलता। यह सारा संवाद कवित्तों में हैं। ऐसे 114 कवित्त मिलते हैं। प्राय: कवित्तों के अन्त में कहा गया है – 'कै निपट-निरंजन, सुनो आलमगीर', अर्थात् निपट निरंजन कह रहा है, हे आलमगीर, सुनिए। संवाद की शैली में कहे हुए यह कवित्त स्वयं बादशाह की जीवन-पद्धति को व्यक्त करते हैं। निपट बाबा औरंगजेब को पहचान गये थे। इच्छा हुई कि निपट बाबा को तोहफा दें। तदर्थ वजीर के माध्यम से प्रयत्न भी किया। वजीर का निरंजन से इस संबंध में संवाद भी हुआ। प्रश्नोत्तर की शैली में यह संवाद है। कुछ पंक्तियाँ—

वजीर : आलमगीर ने दे दिए, बहुतों को जहागीर।
मनसब लिख देंगे अभी, अरज करे है वजीर।।
निरंजन : आलमगीर क्या देत है, आलम को जहागीर।
चर्पट का पंजा यहाँ, दूजा देख फकीर।।
वजीर : कहना था सो कह दिया, शाह का फरमान।
कुटी पर गंगा बही, कर लेना था स्नान।।
निरंजन : बादशाही छोड़ दे, फकीरों का सुन ग्यान।
निपट सब ही निपट के, करे जगत कल्याण।।

कहते हैं, बादशाह ने अपने दरबान के साथ मांस का तोहफा कपड़ा ढांककर महाराज के पास भेजा। दरबान ने वह तोहफा निरंजन को दिया कि ये बादशाह की ओर से गुरुजी के लिए तोहफा है। उन्हें भेंट करें। दरबान को साथ लिए निरंजन गुरुजी के पास आया और कहा कि यह दरबान आपके लिए बादशाह की ओर से तोहफा ले आया है। तोहफे में क्या रखा है? इस बात को महाराज अपनी अंतर्शक्ति के आधार पर जान गये। प्रकट में कहा—'निरंजन, कपड़ा हटाओ।' निरंजन ने कपड़ा हटाया। दरबान ने देखा 'फूल हैं।' मूल तोहफा फूलों में बदल गया था। उत्तर में कवित्त लिख भेजा—

खोजा नहीं आपा तूने, भेजा तैंने ऐसा तोहफा,
क्या अजाब क्या सवाब, पीता जो शराब है।
आपको जो सोक्त करे, गैर को लज्जत भरे,
जिन्दगी शबाब में, मजा ले कबाब है।।
साकीए कौ सर मिले, बहरे बहदत हो ले,
दीन दुनिया से मिले, फूल ये गुलाब है।
कै निपट निरंजन, सुनो आलमगीर,
होश ओ हवाश तबा तोहफे का जवाब है।।

तोहफे का जबाव महाराज ने कवित्त के रूप में आलमगीर को भेज दिया।

(23)

औरंगजेब बादशाह फकीरों की सहायता करता था। औरंगाबाद नगर की चारदीवारी से लगकर खाम नदी उत्तर-पश्चिम में उत्तर से दक्षिण की ओर बहती है। इस नदी पर तीन पुल तीनों दरवाजों पर बने हुए हैं—क्रमश: मक्का दरवाजा, महमूदी दरवाजा और बारापुल दरवाजा हैं। महमूदी दरवाजे से बाहर पुल पार करते ही खाम नदी के दूसरे किनारे पर पनचक्की है। बाबा मुसाफिर उन दिनों यहीं पर रहते थे। वे बुखारा के रहने वाले थे। औरंगाबाद के वे नक्शबंदी थे। बुखारा के प्रसिद्ध नक्शबंदी बाबा पलंगपोश के पास उन्होंने अध्ययन किया था। यहाँ पर वे बंगाल तथा उड़ीसा की यात्रा करते हुए पहुँचे थे। यहाँ आने पर वे मक्का भी जाकर आए थे। औरंगजेब के वे आध्यात्मिक गुरु थे। औरंगजेब उनका सम्मान करता था। इसी तरह औरंगजेब निपट बाबा का सम्मान करने लगा। औरंगजेब को कुछ प्रमाण मिल ही गए। उसने महाराज को दीवार चलाते हुए देखा। बेर वाला दूसरा दृष्टांत था और फिर तोहफा भेजा तो उसका फूलों में परिवर्तन हो गया। यह सब चमत्कार देखकर वह चकित रह गया। कहने लगा—'ऐसा जलाली फकीर देखने में नहीं आया।'

जंजीर-रंजीर योगियों की कथा : औरंगजेब के साथ महाराज का जो संवाद हुआ उससे महाराज की ख्याति बढ़ गई। उनका नाम जगह-जगह योगियों के बीच भी फैल गया। बाहर से आने वालों की संख्या बढ़ गई। दो योगी, जंजीर और रंजीर बाबा की कीर्ति सुनकर उत्तर दिशा से चले आए। वे भी अपनी योग विद्या का चमत्कार दिखलाना चाहते थे। दोनों ही बाबा के आश्रम के निकट वाले एक विशाल वट वृक्ष के नीचे ठहर गये। जनता को अपनी ओर आकृष्ट करने हेतु योग विद्या का चमत्कार दिखलाना चाहा। वे वहीं से समीप के नाले में उतर कर अघोर विद्या का प्रदर्शन करने लगे। उन्होंने नेती धोती क्रिया की। पेट की आंतड़ियाँ बाहर निकालीं और उन्हें नाले के जल में धोने लगे। जनता ने दूर से यह सब देखा। उक्त दृश्य देखने लोग एकत्रित होते गए। जनता को आकर्षित देखा तो उन्हें अपनी योग विद्या का अहंकार हुआ। योग में अहंकार घातक होता है। अकस्मात् जंजीर-रंजीर कुछ भूल से गए। विपरीत घड़ी आई। श्वास-क्रिया, ऊर्ध्व-अर्ध्व की चौखट बिगड़ गई। बहुत प्रयत्न किया। फिर भी मुख के द्वारा आंतड़ियों का भीतर प्रवेश ठीक से न हुआ। उनके प्राण व्याकुल से हो गए। दर्शक-वृन्द ने उनकी कठिनाई को अनुभव किया। ऐसे लग रहा था कि कुछ ही काल में दोनों का निर्वाण हो जाएगा। कुछ लोग तो कहने लगे कि निकट के निपट बाबा ने इनका अहंकार दूर करने के लिए चाबी फेर दी है अर्थात् इन्हें महाराज की ही शरण में ले जाएँ तो ये बच सकेंगे। लोगों ने कहा—'ठीक है, लेकर चलेंगे।' उन्हें बाबा के पास लाया गया। योगियों ने बाबा की शरण ली। जनता उपस्थित थी। निपट बाबा अपनी योग विद्या से सब कुछ जान गए। महाराज ने उन पर दया-दृष्टि फेरी। अपना कल्याणकारी वरद हस्त उन दोनों के सिर पर फेरा। दोनों को अपने कान अपनी ओर करने के लिए कहा। तब कान में कुछ मंत्र युक्त विभूति फूंकी। बाद में आंतड़ियाँ यथा स्थान बैठा दी। दोनों को उपदेश दिया। कहा—

सुनो रे योगी, भोग भोगे भोगी,
 कुंडली जगाया नहीं बिराट की न घाट जाने।
घट बाहर सो अंदर, घट बीच मंदर,
 केते सिद्ध भीतर, सुरत की न हाट जाने॥
माया केते काया केते वायु और नीर केते,
 गगन त्रिकुटी केते जीव की न गोट जाने।
कै निपट निरंजन केते जीव केते शिव,
 योग विद्या करत है, ब्रह्म की न झाट जाने॥

तत्पश्चात् उन दोनों योगियों ने महाराज से प्रार्थना की कि हमें ब्रह्मानन्द का आनन्द अनुभव करवाइए। तब निपट बाबा ने शीघ्र ही बावड़ी के ऊपर बाँस की

एक छड़ी से गोल लकीर खींच दी। उसी समय भूकम्प-सा हुआ। महाराज ने जितनी गोल लकीर खींची थी, उतनी जमीन के बीच में जल में योगी उतर गए। वे भीतर गए और ब्रह्मानन्द में मग्न हो गए। आज्ञा के अनुसार दोनों रंजीर जंजीर को समाधि लग गई। बहुत देर होने के बाद महाराज ने अलख-आदेश दिया। बाहर आने की आज्ञा दे दी। दोनों बाहर आ गए। दोनों योगियों का चित्त प्रसन्न था। बोले—

जान गए निज रूप को निजानंद चिदरूप।
ब्रह्मानन्द को पा लिया, देखे ब्रह्म स्वरूप॥
धन्य निपट निरंजन, बुझी हमारी प्यास।
लगन हमारी है सही, गुरु दर्शन की आस॥

दोनों योगियों ने महाराज का शिष्यत्व स्वीकार किया। गुरु मंत्र के लिए प्रार्थना की। महाराज ने मंत्र दिया। दीक्षा दी और कफनी-कंठी पहनाई। अपनी वाणी कह सुनाई—

माथे पे नीली पटा, तिलक जनेऊ जटा,
एक योगी एक मौनी एक कानीफटा है।
एक पीत पटा जटा, अंग में भभूत छटा,
एक जंगम कहत, भसम की घटा है॥
जब आवे काली छटा, काम नहीं आवे बेटा,
तब लो नहीं चितत, उलटी जो सटा है।
यो तो पावे रसायन, या तो होवे न्हसायन
कहत निपट ठान, झूठा स्वांग नटा है॥

दोनों ही योगी कुछ काल तक निपट बाबा के आश्रम में वास करते रहे और बाद में वहीं पर समाधि ले ली। उनकी समाधि वहीं पर निकट ही है।

(25)

निपट बाबा चिन्तन करने लगे—'किसी तरह एक बार गुरु के दर्शन हो जाएं।' निपट बाबा के संकल्प को सद्गुरु चर्पटनाथ जी समझ गए। प्रकट हुए। निपट बाबा ने गुरु को प्रणाम किया और कहा—'आपके आशीर्वाद से सब ठीक है। सेवा में छोटी-सी प्रार्थना है। अब मैं इस शरीर को त्यागना चाहता हूँ।' गुरुजी ने कहा—'निपट, एक बार सारे भारत का भ्रमण करो। इस देश में जहाँ-जहाँ गुफाएँ हैं और जहाँ-जहाँ संतों का निवास है वहाँ-वहाँ जाओ और उन सबका दर्शन करो। उनका सत्संग करके पुनः लौट आओ। सभी स्थलों के पते मैं देता हूँ।' गुरु की आज्ञा प्राप्त कर निपटजी ने यात्रा के लिए प्रस्थान किया। गिरनार, हिमालय, बारह ज्योतिर्लिंग, अनेक तीर्थ स्थानों को भेंट देते हुए संतों का सत्संग

किया। संतों में दूलनदास, रज्जब, बुल्लाशाह, दरिया साहब, यारी साहब, मलूकदास, गुलाल साहब, जगजीवन और अन्त में शुकमुनि शिष्य चरणदास का सत्संग किया। सभी को अपना परिचय दिया और उन सब को समाधि के अवसर पर आने के लिए प्रार्थना की। गुरु आज्ञा से सूक्ष्म शरीर धारण कर सारे देश का भ्रमण किया। कहा है—

गुरु आज्ञा को पाय, चारों देश भ्रमण को
सूक्ष्म स्वरूप धर गिरिनार पायो है।
दूलन रज्जब बुल्ला, दरिया जगजीवन
गुलाल गरीबदास सत्संग पायो है॥
मलूका हिम्मतदास यारी हू चरनदास
योगानंद मानपुरी देवगिरि आयो है।
निपट निरंजन को, चारों कुंभ गंग सिंधु
नर लीला निरवान समय सुहायो है॥

(26)

कहते हैं संत मानपुरी ने निपट बाबा से 8 वर्ष पूर्व दौलताबाद में समाधि ली थी। इनकी समाधि लेने की तिथि का निर्णय निपट बाबा ने ही किया था। और निपट बाबा के सान्निध्य में योगी मानपुरी ने समाधि ली। योगी मानपुरी ने राग-रागिनी में लगभग 600 पदों की रचना की है। श्री व्यंकट स्वामी सद्‌गुरे के पास योगी मानपुरी के पदों के हस्तलेख हैं। उनसे निपट बाबा के सम्बन्ध में जानकारी पाने के लिए जब मैं उनके घर (राजा बाजार में) गया था तो उन्होंने अपने संग्रह से मानपुरी के पदों के हस्तलेख दिखलाए थे। संभवतः उनके पास और भी हस्त-लेख हों। मानपुरी के शिष्यों के नाम—हीरापुरी, मंगलपुरी, ग्यानपुरी, देवपुरी, धरमपुरी आदि बतलाए जाते हैं। कहते हैं स्वयं मानपुरी मुलतान से आए थे। मानपुरी के सत्संग में रहने वालों में शाहनूर मियाँ हमदानी, मोमीन आरीफ, लंगोट बिन अंसारी और जनार्दन बाबा थे।

(27)

निरंजन निपट बाबा के प्रिय शिष्य थे। निपट बाबा की बानी को निरंजन लिख लेते थे। निरंजन के कारण ही निपट बाबा की बानी हम सब तक पहुँची है। यों तो शिष्य मंडली में और भक्तों में बानी लोकप्रिय हो गई थी और बहुतों को निपट बाबा के कवित्त, दोहे, पद और भजन याद हो गए थे। व्यंकट स्वामी सद्‌गुरे ने पूछने पर बतलाया कि निपट बाबा के पद बहुतों को याद थे। उनसे सुन-सुनकर उन्होंने लिख लिए हैं। उनके कुछ पदों और कवित्तों का संग्रह तैयार करने के लिए

सद्गुरे जी ने यात्रा की। बुरहानपुर से भी कुछ सामग्री एकत्रित की है। निपट बाबा के पद और कवित्त, सवैये तथा दोहे मूल रूप में न रह पाए हों। उनकी भाषा में समय के अनुसार परिवर्तन हुआ है किन्तु मूल ढाँचा बदला नहीं है और न ही मूल प्रवाह खण्डित हुआ है। स्वयं व्यंकट स्वामी सद्गुरे को तो बाबा की वाणी याद है और आज भी वे प्रवाह में मस्ती के आलम में सुनाते हैं।

(28)

निपट बाबा की उपलब्ध रचनाओं का विवरण इस प्रकार है—

(1) निपट-निरंजन और आलमगीर (औरंगजेब) का संवाद
—इसमें कुल 114 कवित्त हैं।

(2) निरंजन वजीर का संवाद
—इसके अंतर्गत 21 दोहे हैं।

(3) नसीहतनामा
—इसके अंतर्गत 22 छंद हैं।

(4) फकीर चालीसा
—इसके अंतर्गत 40 दोहे हैं।

(5) बाबा के प्रति आलमगीर के उद्गार
—इसके अंतर्गत एक कवित्त, एक पद और दो दोहे हैं।

(6) अलीफनामा
—तीस दोहों में शाह ब्रह्म का घाट बतलाया गया है।

(7) उपदेशात्मक आध्यात्मिक बानी
—इसके अंतर्गत—138 कवित्त;
50 दोहे
19 सवैये
और 15 भजन हैं।

(29)

निपट-निरंजन का काल रीतिकाल है। रीतिकाल का यह आरम्भ का काल था। आचार्य शुक्ल ने रीतिकाल का आरम्भ 1700 संवत् से माना है। निपट बाबा ने 1755 संवत् में समाधि ली थी। अतः निपट बाबा का काल रीतिकाल है। रीतिकाल की भाषा ब्रजभाषा है। शृंगार की प्रवृत्ति प्रधान थी। किन्तु निपट बाबा को रीतिकालीन प्रवृत्तियों में नहीं रखा जा सकता। भक्तिकाल की संत साहित्य की जो परम्परा चली आ रही थी, उसी परम्परा में निपट बाबा का नाम आता है।

(30)

औरंगाबाद उस काल में एक प्रकार से मुगल बादशाह की दूसरी राजधानी थी। ब्रजभाषा का केन्द्र आगरा था और खड़ी बोली का केन्द्र दिल्ली था। औरंगजेब के समय तक राजधानी न तो पूरी तरह दिल्ली रही और न आगरा। आगरा-दिल्ली दोनों ही मुगलों के केन्द्र थे। इसलिए मुगल दरबारों में आगरा-दिल्ली की दोनों भाषाएँ चलती थीं। अकबर, जहाँगीर और शाहजहाँ के समय तक आगरा ही केन्द्र रहा। इसलिए मुगल दरबार में और अन्य दरबारों में भी जो मुगलों के प्रभाव में थे—वहाँ पर ब्रजभाषा ने काव्य भाषा का रूप ले लिया था। मुगलों के केन्द्र में और विशेष रूप में आगरा में स्थित हो जाने के बाद मुगल प्रभाव से मुक्त और सुलतानों के प्रभाव वाले क्षेत्रों में और विशेष रूप से दक्षिण में दिल्ली की भाषा का प्रभाव अधिक था। अलाउद्दीन खिलजी के बाद से दक्षिण में दिल्ली की भाषा प्रचलन में आ गई थी। दक्षिण में बहमनी राज्य की स्थापना हुई और वह राज्य बाद में स्वतन्त्र हो गया। दिल्ली से उसका कोई सम्बन्ध नहीं रहा। इसी बहमनी राज्य के बाद में और स्वतंत्र छोटे-छोटे राज्य हो गए। इनमें अहमदनगर, बीदर, गुलबर्गा, गोलकोण्डा, बीजापुर आदि केन्द्र हुए। इन केन्द्रों के राज्यों में जो दरबारी भाषा थी, वह दिल्ली की हिन्दवी का दक्षिणी रूप था जिसे दक्खिनी कहा जाता था। समस्त भक्तिकाल और रीतिकाल में एक ओर ब्रजभाषा काव्य भाषा के रूप में प्रचलित थी तो दूसरी ओर मुगल प्रभाव से मुक्त दक्षिण के राज्यों में दक्खिनी भाषा को प्रश्रय मिल रहा था।

(31)

दक्खिनी भाषा के अस्तित्व में आने से पूर्व ही गोरखनाथ के समय में दक्षिण में हिन्दी भाषा का आदिकालीन रूप पहुँच चुका था। अलाउद्दीन खिलजी से पूर्व ही ये रूप दक्षिण में नाथ-योगियों के माध्यम से दक्षिण में फैल गया था। वास्तव में निपट बाबा नाथ-योगियों की परम्परा में आते हैं और निपट बाबा की भाषा में दक्षिण में प्रचलित भाषाओं के विविध रूपों का मेल है और प्रधान रूप से औरंगाबाद की यह विशेष भाषा है। यद्यपि मौखिक परम्परा में प्रचलित रहने के कारण भाषा का कुछ रूप बदला है किन्तु मूल शब्द समूह में परिवर्तन नहीं हुआ है।

(32)

दक्षिण में इस समय में सूफी साहित्य प्रचलित हो गया था। औरंगाबाद उक्त वाङ्मय का केन्द्र था। सूफी और योगी दोनों आपस में मिलते रहे हों। उनके मिलने के प्रमाण उनके वाङ्मय में मिलते हैं।

निपट बाबा ने जिन छंदों का प्रयोग किया है, वे प्रायः रीतिकालीन हैं। कवित्त, सवैये और दोहे उन्होंने लिखे हैं। ये छंद ब्रजभाषा के प्रिय छंद हैं। खड़ी बोली में भी इस प्रकार के छन्दों का उपयोग होता रहा हो किन्तु उसके अधिक उदाहरण नहीं मिलते। इन छंदों के प्रयोग के कारण निपट बाबा की बानी को प्रामाणिक मानना चाहिए। बानी पुरानी है। निपट बाबा ने अपने काल की भाषा का और अपने काल के बहु प्रचलित छंदों का उपयोग किया है। वे दोनों प्रकार की भाषा का व्यवहार करते हैं। ब्रजवाला रूप उनके कवित्त, दोहों और सवैयों में है और दूसरी ओर वे खड़ी बोली में (हिन्दवी कहिए) भी कवित्त लिखते हैं। एक प्रकार से नाथ योगियों की भाषा—लोक भाषा रही है। गोरखनाथ के समय से यह परम्परा चली आ रही है। इसी परम्परा में निपट बाबा की बानी आती है। निपट बाबा की भाषा लोक भाषा है। औरंगाबाद का स्थानीय रूप उनकी भाषा में खुलकर व्यक्त हुआ है। सामान्य जनता में अध्यात्म के बोध को हृदयंगम कराने हेतु निपट बाबा ने सहज और सीधी भाषा का उपयोग किया। फटकारने वाली तथा खरी-खोटी सुनाने वाली उनकी भाषा है। उनमें स्वाभिमान भी गजब का है और सामनेवाले को सच बात कहने का साहस भी है। औरंगजेब के साथ जो संवाद हुआ है, उसमें उनकी ये सब विशेषताएँ मिल जाती हैं औरंगजेब के मज़हब का सम्मान करते हुए, उसी पद्धति की भाषा को अपनाकर बाह्याडम्बर से मुक्त होने के लिए अपनी बानी का उपयोग उन्होंने किया है। फकीर के लक्षण बतलाए। अलीफनामा के रूप में आध्यात्मिक बोध भी दिया। औरंगजेब से कहा—

सुनो सुलतान जहान, कौन है मुसलमान,
खुदा की न पहचान, खुदा ज़िक्त छेड़ा है।
कलमा पढ़े भराभर, मल्मा तो भरा अन्दर,
सौ सौ चूहे खाय के बोका हज्ज दौड़ा है॥
करे नमाज़ रोजा, न रूह का रकान खोजा,
जकात का लिया बोजा जगत बखेड़ा है।
कै निपट निरंजन, सुनो आलमगीर,
नाचना तो आवे नहीं, कहे अंगन टेढ़ा है॥

भूषण कवि के कवित्तों की भाषा कुछ इसी प्रकार है। भूषण भी औरंगजेब से कहता है—

हाथ तसबीह लिए प्रात उठी बंदगी को,
आपही कपट रूप कपट सु जपके।
आगरे में जाय दारा चौक मैं चुनाय लीन्हों,
छत्र ही छिनायो मनो बूढ़े मरे बप के॥

कीन्हो है सगोत घात सो मैं नाहिं कहौं फेरि,
पील पैं तोरायो चारि चुगुल के गप के।
भूषन भनत छरछंदी मतिमंद महा,
सौ सौ चूहे खाय के बिलारी बैठी तप के ॥

भूषण कवि ने जैसे कहा—'भूषन सुकवि कहे, सुनो नवरंगजेब'। ठीक उसी तरह निपट बाबा—'कै निपट निरंजन, सुनो आलमगीर'—कहा है। भूषण कवि की भाषा और शैली से निपट बाबा की भाषा शैली कुछ सीमा तक मेल खाती है। औरंगजेब के प्रसंग में भूषण की भाषा का झुकाव खड़ी बोली की ओर हो गया था। ठीक उसी तरह औरंगजेब के प्रसंग में निपट बाबा की भाषा का झुकाव भी खड़ी बोली की ओर है।

(34)

निपट बाबा की रचनाओं को दो भागों में विभाजित किया है। प्रथम भाग में औरंगजेब से सम्बन्धित प्रसंग को रखा गया है। इसमें पीछे दी गई रचनाओं में—(1) निपट-निरंजन और आलमगीर संवाद से लेकर अलीफनामा तक की सभी रचनाएँ रखी गई हैं। दूसरे भाग में उपदेशात्मक आध्यात्मिक कवित्त, दोहे, सवैये और भजन हैं। दोनों भागों की भाषा में विषय के अनुसार भेद है। दूसरे भाग में ब्रजभाषा वाला रूप मिलेगा। दूसरे भाग में प्रश्नोत्तर वाली शैली भी है। प्रश्न पूछे गए हैं और उनका उत्तर भी दिया गया है। उदाहरण के लिए—

प्रश्न— बैठा ऐसा बैठा नहीं, खड़ा ऐसा खड़ा नहीं,
गया ऐसा गया नहीं, आया ऐसा आया कौन ?
करा ऐसा करा नहीं, तरा ऐसा तरा नहीं,
खाया ऐसा खाया नहीं, पिया ऐसा पिया कौन ?
देखा ऐसा देखा नहीं, सुना ऐसा सुना नहीं,
जिया ऐसा जिया नहीं, सोया ऐसा सोया कौन ?
चला ऐसा चला नहीं, निपट निपटा नहीं,
दिया ऐसा दिया नहीं, लिया ऐसा लिया कौन ?

उत्तर— ध्रुव जैसा बैठा नहीं, गरुड़ सा खड़ा नहीं,
नचिकेता सा गया नहीं, शुक सा आया कौन ?
राम जैसा करा नहीं, प्रह्लाद सा तरा नहीं,
भीम जैसा खाया नहीं, अगस्त्य सा पीया कौन ?
भुसुंकी सा देखा नहीं, परिच्छित सा सुना नहीं,
लोमश सा जिया नहीं, कुंभकर्ण सा सोया कौन ?
नारद सा चला नहीं, निपट सा भूला नहीं,
बली जैसा दिया नहीं, सुदामा सा लिया कौन ?

ऐसे प्रश्नोत्तर और भी हैं। इन प्रश्नोत्तरों में ज्ञान की बातें हैं, ब्रह्म का अनुभव है। पौराणिक प्रसंग हैं। उन प्रसंगों में जो कुछ अद्‌भुत और विलक्षण रहा, उस ओर संकेत किया गया है। जिज्ञासु वृत्ति वालों को समाधान दिया गया है। फकीरानी फक्कड़ शैली है। मस्ती में रमे रहने वाला अनुभव है। कहा है—

मिटते मिटते मिट चलो, रहे ना अहं भाव।
मोर तोर की दुविधा, द्वैत का करे अभाव॥
मैं सब में सब मोहि में साँचो हृदय समाय।
यही वही है वह यही दूजा भाव मिटाय॥
अनहद में सोहं जपे खोले दसवा द्वार।
निपट झपट आगे बढ़े, मिले जो सिरजन हार॥
भूल भुलैया भूल में, सब जग भूला जाय।
निपट वह भूले नहीं, जो गुरु पद लिपटाय॥
माटि का तू पुतला, किस पर करे गुमान।
मल मुत्तर से भरा, निपट छाँड़ अभिमान॥

(35)

निपट बाबा के सम्बन्ध में और भी किंवदन्तियाँ हैं। दीवार चलाना, सूक्ष्म शरीर धारण कर यात्रा करना, आदि को किंवदन्तियाँ ही कहना चाहिए। औरंगजेब से सम्बन्धित प्रसंग को भी किंवदन्तियों के अंतर्गत रखना चाहिए। इस पर भी इनके प्रमाण में लोक में प्रचलित मान्यता है। दूसरी बात स्वयं उनकी रचनाओं में इस प्रकार के संकेत हैं। निरंजन सब कुछ लिखता रहा है और निरंजन का नाम निपट बाबा के साथ जुड़कर निपट-निरंजन हो गया है और गुरु-शिष्य के नामों की यह जोड़ी इतनी एक रूप हो गई है कि जब तक इस तथ्य को स्पष्ट न किया जाए कि दोनों नाम अलग-अलग हैं तब तक दोनों को अलग-अलग समझा नहीं जाएगा। निरंजन के कारण ही निपट बाबा की रचनाएँ हम तक पहुँच सकी हैं।

(36)

निरंजन से लेकर व्यंकट स्वामी सद्‌गुरे के बीच और कितने लोग रहे होंगे, यह कहना कठिन है। निरंजन तो जैसे निपट बाबा कहते जाते या सुनाते जाते—सब कुछ लिख लेता था। यही नहीं, वह सब याद कर लिया जाता और उसे सुनाया जाता था। निरंजन से औरों ने सुना और फिर यह मौखिक परम्परा चल पड़ी। श्री व्यंकट स्वामी सद्‌गुरे ने निपट बाबा की बानी को सुनानेवाले कुछ औरंगाबादवासी भक्तजनों के नाम दिए हैं। बल्लू पाण्डे, छन्नू पाण्डे और दुर्गापाण्डे अच्छे कवित्त गायक थे और निपट बाबा के कवित्तों को गाकर सुनाते थे। व्यंकट स्वामी सद्‌गुरे

ने मौखिक परम्परा में प्रचलित इन कवित्तों, दोहों, सवैयों, भजनों आदि को एकत्रित किया। किसी-किसी के पास निजी संग्रहों में लिपिबद्ध थे, उसे देखकर लिख लिया और कुछ जो उन्होंने औरों के मुख से सुना, उन्हें लिपिबद्ध किया। इस तरह निपट बाबा की रचनाएँ श्री व्यंकट स्वामी सद्गुरे के श्रम के कारण, उनकी अभिरुचि के कारण और निपट बाबा के प्रति उनकी भक्ति के कारण हम तक पहुँची हैं।

(37)

दौलताबाद में योगी मानपुरी जी के समाधि लेने के 8 वर्ष बाद संवत् 1755, अगहन बदी एकादशी को निपट बाबा ने जीवित समाधि लेने का निर्णय किया। अपने निर्णय से उन्होंने संत मण्डली को अवगत कर दिया। निरंजन को पास में बुलाया और सिर पर आशीर्वाद का हाथ रखकर कहा कि जो बानी तुमने लिख ली है उसे अधिकारी व्यक्ति को सुनाना, ठीक से परम्परा को चलाना, त्यागवृत्ति को अपनाना और अतिथि संतों का सदैव स्वागत करना। बाद में उन्होंने कुछ दोहे कहे। वे इस प्रकार हैं—

मरन समाधि लग गई, ब्रह्मपुरी की बाट।
चरपट ने चटपट किया, निपट औघट घाट॥
सहज समाधि मौन की, पवन पवन में लीन।
निपट निरंजन अंत में, गुरु दर्शन कर लीन॥
रोम रोम चरपट बसे, जित देखूँ तित नाथ।
चरनन में यह शिष्य है, शिष्य पे गुरु का हाथ॥

ऐसी बानी बोलकर निपट बाबा अपनी कोठरी में चले गये। अंदर से सांकल लगा ली और आसन लगाकर कुंडलिनी को जाग्रत किया। प्राण को ब्रह्माण्ड में सोहम् शब्द के साथ लीन कर लिया। निरंजन ने उसी दिन उक्त समाधि के सम्बन्ध में निम्नलिखित दोहा कहा—

सत्रा सौ पंचावने, प्रमोद विक्रम जान।
अगहन बदी एकादशी, निपट भये निर्वान॥

इस तिथि को ठीक मान लें तो 1698 ई० में निपट बाबा ने समाधि ली है, ऐसा हम मान सकते हैं। निपट बाबा का कार्य बाद में निरंजन करते रहे। निरंजन के बाद इसी परम्परा में आगे चरणदास हुए। निपट बाबा के सम्बन्ध में उनके दो कवित्त प्रसिद्ध हैं—

नख शिख कटा देखे, शीश भारी जटा देखे,
जोगी कनफटा देखे, छार लायो तन में।

मौनी अनबोल देखे, सपेरा सिर छोल देखे,
करत कल्लोल देखे, बनखंडी बन में ।
गुणी देखे बीर देखे जती और सती देखे,
माया के भरपूर देखे, भूल रहे धन में।
अति अंत सुखी देखे, जन्म ही के दुखी देखे,
निपट से न संत देखे, लोभ नाहीं मन में ।।

× × ×

भोगी देखे, त्यागी देखे पुरी गिरी बैरागी देखे,
तपते तपस्वी देखे वासना पुजारी है ।
आचारी बिचारी देखे, बालक ब्रह्मचारी देखे,
किमी याके व्रतधारी उमर गुजारी है ।।
कामी, क्रोधी, मोही, लोभी, आशा तृष्णा के रोगी,
नाना रूप नाना सोंगी, तके परनारी है ।
चारों दिशा चारों धाम चारों आश्रम छान,
निपट से न देखा ज्ञान देखी पृथ्वी सारी है ।।

कहते हैं चरणदास ने संवत् 1936 (1879 ई०) में समाधि ली । निपट बाबा के बाद निरंजन के समय से ही निपट बाबा की स्मृति में समाधि लेने की तिथि को (अगहन बदी एकादशी) मेले का आयोजन होने लगा था । चरणदास के समय तक यह जारी था। चरणदास और निरंजन के बीच में कौन-कौन हुए—इन सबका इतिहास ज्ञात नहीं है । मेले के सम्बन्ध में अधिक जानकारी चरणदास के बाद में ही उपलब्ध है । इस अवसर पर संतों का जमघट होने लगा था। सबको भोजन प्रसाद मिलता था । कहते हैं, एक बार कायगांव नाके के प्रसिद्ध संत महात्मा श्री गंगागीर महाराज अपने शिष्यों को लेकर निपट बाबा के आश्रम में आए। नाम संकीर्तन हुआ। सप्ताह के बाद में पूर्णाहुति हुई। विशाल भण्डार एकत्रित करने में गांव के लोगों ने सहयोग दिया। ठीक समय पर घी की कमी का अनुभव हुआ। लोगों ने श्री गंगागीर जी से कहा। कहते हैं—श्री गंगागीर जी समाधि-स्थल पर पहुँचे और कहा—'बाबा, तुम्हारे दरबार में कमी क्या है ?' और फिर लोगों से कहा—'बाबा की समाधि के निकट जो नाला बहता है, उसमें से उधार घी घड़ा भरकर लाओ।' कहते हैं जब घड़ा पानी में डुबाया गया तो निकालते ही घी पाया। लोग चकित रह गये। फिर भंडारा शुरू हुआ। घड़े भरकर लाए गए। अन्नदान हुआ। बाद में बाबा का जय-जयकार हुआ। उस नाले का नाम 'सारे पुरी'(मराठी शब्द है, जिसका अर्थ 'सब कुछ देने वाला') रखा गया। महाराज गंगागीर स्वयं समाधि के पास आए और निपट बाबा के सम्बन्ध में निम्नलिखित पंक्तियाँ कहीं—

निपट खरे संत निराले तन्हेचे।
परेचे परताप जाणि जीवांचे ॥
असे थोर योगी भले संत त्यागी।
गंगागीर आधि बंदी समाधी ॥

(38)

निपट बाबा के गुरु चर्पटनाथ थे। चर्पटनाथ और निपट बाबा के साक्षात्कार के सम्बन्ध में किंवदन्तियों के रूप में ही हमें जानकारी मिलती है। और वे सारी किंवदन्तियां ऊपर लिख दी हैं। उनकी रचनाओं में चर्पटनाथ का नाम गुरु के रूप में जगह-जगह मिलता है। इस नाते निपट बाबा चर्पटनाथ से सम्बद्ध रहे हैं और उसी परम्परा के हैं, यह बात सच है। चर्पटनाथ की बानी का संपादन आचार्य हजारीप्रसाद दिवेदी ने किया है। उनकी बानी का कुछ अंश नीचे दे रहा हूँ—

किसका बेटा किसकी बहू। आप सवारथ मिलिया सहू ॥
जेता फूला तेता काल । चरपट कहै ए संऊआल जंजाल ॥1॥
काया तरवर माकड़ चित्त। डालैं पानैं भरमैं नित्त नित्त ॥
कलपै कलपै दह दिसि जाइ। तिस कारण कोइ सिध नयाइ ॥2॥
ढील कछौटी मन भंग फिरै। जरि घरि नैंन पसारा करै ॥
षाया नरै न बाचा फुरै। ता कारणि भुँहु करि करि मरै ॥3॥
एक सेत पटा एक नील पटा। एक टसर कंटीला लोब जटा ॥
पंथ छाड़ि मन उबट बटा। चरपट कहे ये पेट नटा ॥5॥
टीका टामां टम कली। बोलै मधुरी बांणी ॥
कहै चरपट सुणि हो नागा अरजंन। ए सौरां की सहनांणी ॥6॥
जो तूं रावल बरा सियानां। कसि कीनी बांधैं टाटी ॥
बारह आंगुल पैसि गई है। सोलह आंगल फाटी ॥31॥
आईं न छोड़ौं लैन न जाऊं। तार्थों मेरा चरपट नाउं, ॥
आई भी छोड़िये लैन जाइये। कहै गोरष पूता बिचारि बिचारि षाईये ॥35॥[1]

चर्पटनाथ की बानी की जो पंक्तियाँ ऊपर उद्धृत हैं, उसे देखने से इस बात का अनुमान हो जाएगा कि चर्पटनाथ महाराष्ट्र में भ्रमण करते हों और उनका वास भी महाराष्ट्र में रहा हो। उनकी भाषा में मराठी के स्थानीय संस्कार हैं और वे बोलचाल के रूप हैं। निपट बाबा की भाषा का तो समय-समय पर मौखिक

---

1. नाथ सिद्धों की बानियाँ, सम्पादक : आचार्य हजारीप्रसाद द्विवेदी, नागरी प्रचारिणी सभा, काशी, द्वितीय संस्करण, संवत् 2035, पृ० 13 से 18 तक देखिए।

परंपरा में संस्कार हुआ है किन्तु चर्पटनाथ की भाषा कुछ मूल-सी प्रतीत होती है। ऊपर उद्धृत पंक्तियों में—

माकड़ चित्त [बन्दर का चित्त]

दह दिसि जाइ [दशों दिशाओं में जाना]

घरि घरि [घर घर में]

पसारा करैं [विस्तार करना या फैलाना]

बाचा फुरै [वाचा फुटों या वचन स्फुरित होना]

षरा सियानां [सच्चा और होशियार]

लोंब जटा [लम्बी जटा]·········आदि आदि व्यवहृत रूप मराठी भाषा के संस्कारों से युक्त हैं। चर्पटनाथ से निपटनाथ परम्परा से जुड़े हैं। दोनों के नामकरणों में भी साम्य है। चर्पटनाथ ने तो अपने नामकरण का कारण स्वयं दिया है। कहा है—

आईं न छोड़ौं लैन न जाऊं। ताथीं मेरा चरपट नांऊ॥

नाऊं का अर्थ नाम है और यह मराठी 'नाव' से मिलता-जुलता रूप है। जो आया है—प्राप्त हुआ है, उसे नहीं छोड़ूंगा और लेने के लिए नहीं जाऊँगा—इसीलिए मैं चरपट कहलाता हूँ या इसीलिए मेरा नाम चरपट है। सजग रहकर 'पट' करना (उपयोग कर लेना, खा लेना, चट कर जाना)। पटकन का मराठी में अर्थ होता है **तत्काल** उसी समय—बिना विलम्ब किए। जो जल्दी से पट कर जाए वह चरपट है। छोड़ना नहीं चाहिए। चरपट का यही कहना है कि आया हुआ (लभ्य) छोड़ना नहीं और लेने के लिए जाना नहीं। स्वयं 'निपट' नाम भी इसी प्रकार का है। संतों के मेले में जो प्रसाद मिला था, वह अपने गुरु चरपटनाथ के कहने से सब खा लिया था। देवगिरि के संतों के मेले में गुरु के आदेश से सारा प्रसाद निपट लिया था (खा लिया था)—इसीलिए 'निपट' कहलाने लगे। इस सम्बन्ध में कवित्त इस प्रकार है—

देवगिरि गुरु पायो संतन जमाव जहाँ,
महान प्रसाद पाया जग से निराला है।
गोम बिच्छु सांप गिरगुट खेकड़ा मिलाय,
कढाई में ली पकाय, घुमाइ गुरु प्याला है॥
संतन में बारी बारी सबको चढ़ी खुमारी,
भय भूल को निवारी चरपट मौला है।
निपट के पट खुले, निपट लियो है सब,
गुरु कृपा भई जब तीनों लोक उजाला है॥

दौलताबाद में (देवगिरि में) जनार्दन स्वामी रहते थे।[1] उनके समय में संतों का मेला देवगिरि में होता था। उसके बाद मेले की परम्परा चल पड़ी हो और औरंगजेब के समय में भी ऐसा मेला हुआ हो। उस मेले में निपट बाबा गए थे। पीछे यह सब विस्तार से लिखा गया है। यहाँ इतना ही कहना है कि इस मेले में पहुँचने के कारणों में चर्पटनाथ का नाम आता है। चर्पटनाथ और निपट बाबा के सम्बन्ध का कारण—गुरु शिष्य बनने का कारण—देवगिरि का मेला है।

(39)

निपट बाबा का सम्बन्ध दत्त सम्प्रदाय से बतलाया जाता है। इस सम्प्रदाय का परिचय देते हुए आचार्य विनयमोहन शर्मा लिखते हैं—

> महाराष्ट्र में इस सम्प्रदाय का पुनरुद्धार पन्द्रहवीं शताब्दी में हुआ। दत्त त्रिमूर्ति देवता हैं जिनमें ब्रह्मा, विष्णु, महेश का समावेश है। साथ ही इनमें सत्व, रज और तम इन तीन गुणों का एक्य दर्शन भी होता है। सूर्य, शक्ति, गणपति, विष्णु और शंकर की 'पंचायतन पूजा' की परिपाटी शंकराचार्य ने जनता की मत विभिन्नता का अन्त करने के लिए प्रारम्भ की थी। इसी भावना से इस त्रिमूर्ति देवता की सृष्टि की गई प्रतीत होती है···।
>
> दत्त की जन्मतिथि मार्गशीर्ष पौणिमा मानी जाती है। इनके जन्म की कथा इस प्रकार है। एक बार अत्रि ऋषि ने त्रक्षकुल पर्वत पर पुत्र प्राप्ति के लिए तप किया। तप के तेज से जब ज्वाला निःसृत होने लगी तो त्रिलोक तप उठा और जनता त्राहि-त्राहि कर उठी। तब सब देवता उनके पास गए और उन्हें वरदान दिया कि उन्हें ऐसा पुत्र होगा जो ब्रह्मा, विष्णु और शिव तीनों का अंश धारण करेगा। समय पाकर अत्रि की पत्नी अनसूया को जो पुत्र हुआ, उसका नाम दत्त रखा गया।
>
> त्रिमुखी दत्तात्रय ने वैदिक धर्म की प्रतिष्ठा की, वर्ण व्यवस्था की पुनर्घटना की और यज्ञकर्मों का पुनरुद्धार किया···।"[2]

आचार्य विनयमोहन शर्मा ने इसके बाद गुरु परम्परा के नाम दिए हैं। इन्हीं नामों

---

1. आचार्य विनयमोहन शर्मा का कहना है कि एकनाथ महाराज के गुरु जनार्दन स्वामी दत्त सम्प्रदाय के बड़े प्रसिद्ध व्यक्ति हुए हैं। इनका जन्म सन् 1504 ई० में चालीस-गांव में हुआ था।—हिन्दी को मराठी संतों की देन, आचार्य विनयमोहन शर्मा, बिहार राष्ट्र भाषा परिषद, पटना, प्रथम संस्करण: 1957, पृ० 77
2. वही, पृ० 76 तथा 77

में एकनाथ महाराज के गुरु जनार्दन स्वामी का नाम भी आता है। जनार्दन स्वामी के आगे की परम्परा के सम्बन्ध में वे लिखते हैं—

> इन्हें (जनार्दन स्वामी) हिन्दू और मुसलमान जनता का समान रूप से आदर प्राप्त था। इनके शिष्य एकनाथ ने वारकरी मत स्वीकार कर लिया था। हुमणाबाद के माणिक प्रभु इस सम्प्रदाय के अंतिम प्रसिद्ध संत हो गए हैं जिनके आगे हिन्दू मुसलमान दोनों नतमस्तक होते थे। इस तरह हम देखते हैं कि दत्त सम्प्रदाय ने वर्ण-व्यवस्था को अखण्डित रखते हुए भी सभी जातियों में, यहाँ तक कि मुसलमानों में भी, समभाव उत्पन्न करने का यत्न किया। कई मुसलमान दत्त-सम्प्रदायी आचार्यों के उपासक हो गए थे।[1]

निपट बाबा चर्पटनाथ के शिष्य थे। नाथ सम्प्रदाय में दत्तात्रय की जो मान्यता रही है, उसी के अनुसार निपट बाबा भी दत्तात्रय को मानते थे। दत्तात्रय के सम्बन्ध में वैचारिक मान्यता का परिचय देते हुए आचार्य विनयमोहन शर्मा लिखते हैं—

> दत्तात्रय अमर हैं, ऐसी साम्प्रदायिकों की मान्यता है। नाथ-पंथियों में दत्त सिद्धि-प्रदाता, दिगम्बर और अवधूत कहे गए हैं।[2]

आचार्य हजारीप्रसाद द्विवेदी ने शंकराचार्य विरचित दत्तात्रय स्तोत्र अपनी पुस्तक 'नाथ सिद्धों की बानियों' में दिया है। उक्त स्तोत्र की कुछ पंक्तियाँ इस प्रकार हैं—

जटाजूट विभूति भूषनं। नष सष अषिडतं॥
विस रज नव देह लीला। सोहं दत्त डिगंबरं॥1॥
मुकुट केस बसेष बनिता। बचन श्रीमुष अमृतं॥
सम्रथं सब जोग सम्रथ। सोहं दत्त डिगंबरं॥2॥
अलिप बक्ता सुलिप निद्रा। भोजन सुष संजमं॥
उद्र पात्र निमष मात्र। सोहं दत्त डिगंबरं॥3॥
पात्र पवीत्र बिचत्र बानीं। बेद व्याकरण पंडिता॥
ग्यान अंजनं सभा मंडनं। सोहं दत्त डिगंबरं॥4॥
भेष टेक विचित्रक। लोभ अवधि न लीयतं॥
निगन रूप निरास निहचै। सोहं दत्त डिगंबरं॥5॥
....
....

---

1. हिन्दी को मराठी सन्तों की देन, आचार्य विनयमोहन शर्मा, बिहार राष्ट्रभाषा परिषद, पटना, प्रथम संस्करण 1957, वही, पृ० 77
2. वही, पृ० 78

बाघंबरं नटाटंबरं । चीतांबरं पीतांबरं ।।
पहरै पाट पटंबरं । तजि धरती ऊपर अंबरं ।।
सोहं दत्त डिगंबरं ।।10।।[1]

यही नहीं उक्त पुस्तक में 'दत्तजी (दत्तात्रेय) की सबदी' पृ० 33 से 36 पृ० तक दी गई है। ऊपर उद्धृत स्तोत्र और सबदी को देख जाएं तो नाथ पंथियों में दत्त-सम्प्रदाय की मान्यता का पता चल जाएगा।

(40)

दत्त-सम्प्रदाय, नाथपंथ से जुड़ा है, ठीक उसी तरह महानुभाव पंथ से भी जुड़ा हुआ है। महाराष्ट्र में इसके अलग-अलग रूप हैं। इसी तरह नाथपंथ भी अन्य-अन्य पंथों को प्रभावित करता रहा है। महाराष्ट्र की संत परम्परा नाथपंथ से जुड़ी होने पर भी सभी संत नाथपंथी नहीं हैं। गुरु उनके नाथ हैं किन्तु वे स्वयं दूसरे सम्प्रदाय के हो गए हैं। ठीक इसी तरह ज्ञानमार्गी संत नाथपंथ से जुड़े हुए हैं। किन्तु वे पूरी तरह नाथपंथी नहीं हैं। नाथपंथी या सिद्ध-पुरुष प्रधान रूप से सारे भारत में भ्रमण करते रहे हैं। इसलिए उनकी भाषा किसी स्थान विशेष से सम्बद्ध नहीं रही। गोरख बानी या नाथ सिद्धों की बानी की भाषा का रूप अखिल भारतीय है। नाथपंथियों को गुरु मानने वाले महाराष्ट्र के संत इसीलिए स्थानीय भाषा मराठी में अपनी बानी लिखने के साथ-साथ वे हिन्दी में भी लिखते हैं और उनकी हिन्दी दक्खिनी हिन्दी से भिन्न है। दक्खिनी के रूप उनमें मिलने पर भी उस पर अखिल भारतीय भाषा की छाप है। निपट बाबा के गुरु चर्पटनाथ थे। किन्तु निपट बाबा न तो पूरी तरह से नाथपंथी हैं और न ही पूरी तरह जनार्दन स्वामी की तरह दत्त-सम्प्रदाय से जुड़े हैं। दोनों का मिला-जुला रूप उनमें दिखलाई देगा। दूसरी बात यह कि निपट बाबा सूफियों का सत्संग भी उसी तरह करते रहे हैं। औरंगजेब के सम्पर्क में उनकी बानी का रूप देखें तो वे पूरी तरह 'फकीर' के स्वरूप से परिचित प्रतीत होते हैं। फकीर चालीसा के चालीस दोहे तथा अलीफ-नामा और नसीहतनामा जैसी रचनाओं में वे मौलवियों की बानी में बोलने लगते हैं। औरंगजेब को इसलिए कहना पड़ा—'ऐसा जलाली फकीर मैंने नहीं देखा।'

(41)

निपट बाबा की परम्परा आगे निरंजन के कारण चलती रही है। निरंजन तो निपट बाबा का शिष्य था किन्तु बाद में इस परम्परा को आगे बढ़ाने वाले नाथ-

---

1. नाथ सिद्धों की बानियाँ, आचार्य हजारीप्रसाद द्विवेदी, नागरी प्रचारिणी सभा, वाराणसी, द्वितीय संस्करण, संवत् 2035, पृ० 2 और 3

पंथियों से या सिद्धों से सीधे जुड़े प्रतीत नहीं होते। निपट बाबा की सेवा में रहने वाले 'निपट बाबा' को मानने वाले रहे। नागा सम्प्रदाय के लछमनगीर इस समय निपट बाबा की समाधि-स्थल पर रहते हैं। सन् 1942 से लगभग 48 वर्षों से वे सेवा कर रहे हैं। उनका कहना है कि समाधि-स्थल की यह जमीन और आश्रम का स्थान उन्हें सीधे ओड़छा के राजा से प्राप्त हुआ है। निपट बाबा बुन्देलखण्ड से आए थे और यहां पहाड़सिंहपुरा में बसे थे। पहाड़सिंह बुन्देलखण्ड के, ओरछा के राजा थे। उसी समय उन्हें यह जमीन प्राप्त हो गई थी। समय-समय पर ओरछा के अधिकारियों से निपट बाबा के आश्रमवासियों को सुविधा मिलती रही है। इस समय लछमनगीर के पास ओरछा के राजा की ओर से प्राप्त 1 अप्रैल 1934 का आज्ञा पत्र है। उक्त पत्र की नकल यहाँ दे रहा हूँ—

दफ्तर मुंतजमी पहाड़सिंहपुरा इलाका
सरकार बहादुर सियासत ओड़छा
टीकमगढ़
पहाड़सिंहपुरा का
स्टैम्प
ओड़छा रियासत
का स्टैम्प
आज्ञा बनाम—परसराम मरहठे साक्षि
औरंगाबाद मुहल्ला औरंगाबाद

तुमारी मांग के अनुसार स्थान निपट-निरंजन की समाधि पर टीन डालने और चबूतरा को चौड़ा करके टीन इत्यादि से आरास्ता करने की इजाज़त दी जाती है। स्थान मजकूरा पर जिस कदर व्यय करोगे वो धर्म अर्थ गिना जाएगा। इस वास्ते यह आदेश तुमको दिया जाता है। इति 1 अप्रैल सन् 1934 ई०।

हस्ताक्षर

नंबरसील (एल० दम्पत प्रसाद)

मुंतजिम

इस पत्र को देखते हुए यह कहना उचित प्रतीत होता है कि हैदराबाद निजाम के शासन काल में भी पहाड़सिंहपुरा पर ओरछा के राजा का अधिकार रहा है और उनका एक कार्यालय भी यहां पर [संभवत: स्वर्णमहल (सोनोरी महल स्थानीय नाम) में] रहा हो।

(42)

इस समय समाधि-स्थल पर मूर्ति प्रतिष्ठित की गई है। इसकी स्थापना 1980 ई० में की गई है। इसकी स्थापना हेतु महामंडलेश्वर काशिकानंद स्वामीजी बोरिवली,

आनंदवन आश्रम बम्बई से आए थे। उन्हीं के द्वारा मूर्ति की प्राण-प्रतिष्ठा की गई है। मार्गशीर्ष वद्य एकादशी को यहां आज भी मेला होता है।

(43)

डॉ० भालचन्द्रराव तेलंग ने 'औरंगाबाद की हिन्दी सन्त वाणी'—पुस्तक लिखी है। इसमें निपट-निरंजन, मानपुरी, अनन्तनाथ, कृष्णदास तथा विनायकानन्द सरस्वती—संत कवियों की बानी का सम्पादन किया है। इन सब संत कवियों का परिचय भी दिया है। निपट-बाबा का परिचय देते हुए उन्होंने लिखा है—

> निपट नाम का सर्वप्रथम उल्लेख हमें औरंगजेब के समकालीन कवि कालिदास त्रिवेदी द्वारा सं० 1755 में संकलित 'कालिदास हजारा' में संख्या 72 पर मिलता है।[1]

इस उल्लेख के बाद तो शिवसिंह 'सरोज', ग्रियर्सन, आचार्य भिखारीदास तथा अन्य लोगों ने भी उल्लेख किया है। डॉ० भालचन्द्रराव तेलंग ने यह सारा विवरण अपनी पुस्तक में विस्तार से दिया है। अन्त में उन्होंने 'दिग्विजय भूषण' को ठीक आधार माना जिसके अनुसार निपट बाबा का मूल गांव बुन्देलखण्ड में चन्देरी माना है। उनकी जन्मतिथि भी उन्होंने संवत् 1680 मानी है।[2] यही श्री व्यंकट स्वामी सद्गुरे ने भी लिखा है। पीछे ये सब लिखा गया है।

(44)

डॉ० भालचन्द्रराव तेलंग ने कवि नारायण विरचित 'श्री गुरुलीलामृत' (श्री गुरु लीलामृत : मध्वनाथचरित : कवि नारायण विरचित हस्तलिखित ग्रंथ, शेंदुवाड़ा, अध्याय 16, पद 2 से 36) में निपट महाराज के हस्तिनापुर से औरंगाबाद आने की जो कथा मिलती है, वह सारी कथा लिखी है। उन्होंने मूल कथा का अनुवाद हिन्दी में प्रस्तुत किया है। कथा इस प्रकार है[3]—

गत अध्याय में कथा यहाँ तक हुई कि श्री गुरु मध्वनाथ औरंगाबाद पधारे। अब इस ग्राम में जो हुआ उसे सज्जन समझें। ग्राम का नाम खड़की, बस्ती जहाँ थोड़ी। बादशाह औरंगजेब की दृष्टि में एक चमत्कार दिखलाई दिया। व्याघ्र का पीछा जम्बूक कर रहा है। अर्थात् जरामरणादि से कातर मन (जम्बूक) गुरु-उपदेश-प्राप्त जीवात्मा व्याघ्र का अनुकरण कर रहा है। यह देख वह मन में विचार

---

1. 'औरंगाबाद की हिन्दी सन्त वाणी', डॉ० भालचन्द्रराव तेलंग, रामनारायण लाल बेनीप्रसाद, इलाहाबाद-2, प्रथम संस्करण : 1967 ई०, पृ० 3
2. वही, पृ० 5
3. वही, पृ० 12, 13 तथा 14

करने लगा कि यह स्थान प्रसिद्ध है। ऐसे स्थल को देखकर ही आलमगीर ने यहाँ अपनी राजधानी बनाई, ग्राम का नाम औरंगाबाद रखा और शहर को विस्तीर्ण किया। यहाँ महासिद्ध निपट निरंजन है, बेगमपुरे में उनका स्थान है, पर्वत पर जाकर वे तपस्या करते हैं। वे योगाभ्यासी हैं, परम दक्ष हैं, श्रीराम के चरणों में ध्यान लगाते है और उन्हें नित्यानित्य अपरोक्ष ज्ञान प्राप्त है। हस्तिनापुर में एक धनिक साहूकार रहता था। उसकी रंभा उर्वशी के समान सुन्दर कन्या थी। निपट हस्तिनापुर में भिक्षाटन करते थे। उस साहूकार की रूपवती कन्या को ऊपर की मंजिल पर देखा तो उन्हें श्रीराम के स्वरूप की झलक सामने नज़र आई और वे ध्यानमग्न हो उसे देखने लगे और कहने लगे कि श्रीराम स्वरूप के समान यह स्त्री मुझे दिखाई देती है। भिक्षाटन के हेतु नित्य इसी प्रकार उस रामरत्न को वे अपने नेत्रों से देखने जाते और राम स्वरूपिणी उस कामिनी को आनन्दपूर्वक देखते रहते। एक दिन उस कामिनी ने निपट-निरंजन की वन्दना की और पूछा—'तपस्वी ! आपके मन में जो इच्छा हो मुझे बतलाइए'। निपट ने उस स्त्री को उत्तर दिया—'मेरी कुछ भी इच्छा नहीं है माता, तेरे रूप में श्रीराम के स्वरूप का आभास मुझे मिलता है।' ऐसे ही कई दिन बीत गये। उस स्त्री को ससुराल लाने के लिए पति-घर से बुलावा आया। निपट भी विचारमग्न हो उसी के साथ-साथ निकल पड़े। जहाँ-जहाँ वे मुकाम करते, निपट वहाँ-वहाँ ठहर जाते। उसी मार्ग-क्रम से वे भी औरंगाबाद आ पहुँचे। उस स्त्री का मन आशंकित हो उठा; भला, लोग क्या कहेंगे? एक साधु स्त्री के साथ ! मुझे दूषण लगेगा। यद्यपि ये निष्काम है, किंतु लोग तो शंका करेंगे। यह बुरा काम है। मुझे जारिणी कहेंगे। अब मैं क्या करूँ ? निपट मेरा पीछा नहीं छोड़ते हैं। उद्विग्नमना वह सुन्दरी मन-ही-मन में उन्हें कोसने लगी। एक बार समय और एकान्त देख हाथ जोड़कर वह निपट से पुनः बोली, 'जो भी आपकी मनोकामना हो उसे पूर्ण कर डालें, परन्तु अब दिन-रात कभी भी मुझसे यहाँ न मिलें। मैं ससुराल में हूँ।' फिर निपट ने उस स्त्री से कहा, 'तुम्हारा रूप रघुनाथ स्वरूप है, तुम्हें देखते रहने का हेतु यही है, दूसरा कुछ नहीं।' इन शब्दों को सुनकर वह निपट से बोली, 'धन्य, धन्य, तुम्हारे समान पूर्ण साधु मेरी दृष्टि में कभी नहीं आया, परन्तु साधुवर ! मेरी इतनी ही विनती है कि आप श्रीराम के स्वरूप में प्रीति लगायें, कामिनीस्वरूप इस माया नगरी की गलियों में चक्कर न लगायें। नारी अविद्या की खान है, वह आत्म प्राप्ति के मार्ग में अटका देने वाला रोड़ा है। वह नारी तो लोगों को दीया दिखलाकर महानरक का रास्ता पकड़ा देती है। असत्य, धृष्टता, अतिलोभ, माया, मूर्खता, निर्दयता, अशुचि आदि दोष स्त्री के अंग में सहज निवास करते हैं। यहाँ परमार्थ की सिद्धि कैसे ? तुम्हें सीताकान्त यहाँ कैसे मिलेंगे ? अब स्त्री के रूप का यह मोह छोड़ शीघ्र ही जानकी वल्लभ की शरण में जाइए। आमरण भी मेरे पास रहेंगे तो अयोध्यानाथ की भेंट

यहाँ नहीं होगी। मेरे घर में तो कामदेव का बसेरा है, यहाँ सीतानाथ की प्राप्ति न हो सकेगी। रघुवीर की प्राप्ति के लिए तो एकान्तवास चाहिए, तुम तो यह सब छोड़ मेरे पीछे पड़ गये हो। लोगों में यह निन्दनीय है, बड़ी लोक निन्दा होगी। निपट—लंपट, जारकर्मी, कपटी कहलायेगा। ऐसा करने से गली में लोगों की मार तक तुझे खानी पड़ेगी। इस कारण सदा उस रघुवीर के गुणगान का विचार करते रहना सर्वोत्तम है। सच, नाम स्मरण करते रहने से ही ताड़िकान्तक राम की भेंट हो सकेगी।'—ऐसे सुबोध वचन सुनते ही निपट ने तत्काल उस स्त्री को प्रणाम किया और शहर से दूर बाहर पश्चिम दिशा में पहाड़ी पर एकान्त स्थल देखकर वे वहाँ नित्य श्री रामचन्द्र का जप-तप करने लगे। निपट के इस पूर्ण सद्भाव को देखकर सन्तुष्ट हो श्री रघुनन्दन ने उन्हें अपने दर्शन दिए और निपट को पूर्णकाम कर दिया। ऐसे योगेश्वर से निपट से मध्वमुनीश्वर मिले और इस भेंट से दोनों को परस्पर बड़ा आनन्द मिला। कहा है—

ऐसा निपट योगेश्वर। तयासी भेटे मध्वमुनीश्वर।
भेटी होता परस्पर। आनंद बहुत झाला ॥34॥

(45)

डॉ० भालचन्द्रराव तेलंग ने शिरगांव के मठपति भीमस्वामी द्वारा रचित भक्त लीलामृत के आधार पर 'कील चुभने' वाली घटना से सम्बन्धित पंक्तियाँ उद्धृत की हैं। उक्त किंवदन्ती का वर्णन पीछे दिया गया है। यहां केवल पंक्तियाँ उद्धृत कर रहा हूँ[1] —

निपट निरंजन औरंगाबाजेंत। होते मोठे सन्त बागे मध्यें ॥
गाँव मध्यें जावें रसत्यांत फिराबे। कोणी देतां घ्यावें धान्यपीठ ॥
येक दिसी मेख नाळाची पायांत। शिरे अकस्मांत तये वेळी ॥
विदेह स्थिति देहभान नाहीं। समाधिस्थ पाही चाळीयळे ॥
माळीन पाहोनी म्हणे पाया अंत। गेळें ते त्वरित काढा आधीं ॥
देहावरी आळे आणि बोळीयळें। प्रारब्धी टाकिळे म्हणती देहे ॥
जयाचे सत्तेनें पायाअंत गेळे। तोच हे काढील तरी काढी ॥
ऐसे बोळोनीया आळ बागेअंत। होता समाधिस्त देव आळे ॥
पायांतीस मेरवउपडोनी काढिळी। रक्तधार आली हये बेळीं ॥
हस्तभात्र पाय बरा करुनी गेले। ऐसे सन्तळीळे भीमगाये ॥

1. 'औरंगाबाद की हिन्दी सन्त वाणी', डॉ० भालचन्द्रराव तेलंग, रामनारायणलाल बेनीप्रसाद, इलाहाबाद-2, प्रथम संस्करण, 1967 ई०, पृ० 15

भीमस्वामी के 'भक्त लीलामृत' से एक और घटना का उल्लेख डॉ० तेलंग ने किया है तदनुसार वे हिन्दू-मुस्लिम तथा सभी संप्रदायों का भेदभाव मिटाने का प्रयत्न करने के लिए प्रयोग करते हैं। पंक्तियाँ इस प्रकार हैं[1]—

निपट निरंजन औरंगाबाजेंत। आले रस्त्याअंत येके दिनीं॥
म्हणती सर्वां भक्ति लावाबी म्हणून चतुर्भुज आणुन मूर्ति येके॥
देवालय केलें दर्शनासी यावे। बोलाविती भावें सर्वत्रांसि॥
हिन्दु मात्र येती अविंध न येती। तेव्हां म्हणती चितीं ऐसें नव्हे॥
मूर्ति बाग मध्यें नेवोनी ठेविली। मशीदच केली ते थें मग॥
बोलाविता येती अविंध आनंदें। न येतीज भेदें हिन्दु तेथें॥
सर्व थेती ऐसा उपाय योजावा। भेदचि न सावा ऐसें करूँ॥
मोडोनी मशीद केला शौचकूप। बोलावीतें बाप सिद्ध राया॥
म्हणे कूप केला मशीद मोडोन। कायजी कारण सांगा याचे॥
देव केला तेथे न येती यवन। मशिदींत जाण हिन्दु न ये॥
मग शोचे कूप केला तेथें येती। भेदातीत होती नर्क द्वारा॥
आम्हीं काय यासी करावा उपाय। नर्क जाता प्रिय जनालागीं॥
बहुतचि बोध पठाणासि केला। तोही भक्त जाला संतवाक्यें॥
मग बागे अन्त भजन करीत। येवोनी बैसत भीम म्हणे॥

इसका सारांश कथानक के रूप में इस प्रकार है—'एक समय निपट महाराज का विचार हुआ कि भक्ति करने का अवसर सबको देना चाहिए। इस हेतु महाराज ने एक स्थान पर भगवान की चतुर्भुज मूर्ति स्थापित कर दी और वहाँ एक देवालय स्थापित कर दिया। महाराज देखते है कि ऐसे स्थान पर दर्शन हेतु हिन्दू लोग तो आते हैं, किन्तु यवन नहीं आते। निपट महाराज ने वह चतुर्भुजी मूर्ति अपने बाग में ले जाकर रख दी और उस स्थान पर एक मसजिद बनवा दी। देखते हैं उस स्थान पर मुसलमान तो आते हैं परन्तु हिन्दू नहीं आते। तब महाराज ने मसजिद को वहाँ से हटाकर एक शौचकूप तैयार करा दिया। देखते क्या हैं, आप ही आप सभी यहाँ आते हैं। शौचकूप में पाखाना करते हैं। निपट महाराज की यह करतूत पठान हाकिम तक पहुंची। पठान हाकिम ने इसे अपने धर्म पर आघात समझा और निपट महाराज को बुलवाया। महाराज को देखते ही पठान हाकिम ने पूछा—मसजिद हटाकर तुमने वहाँ शौचकूप बनवाया है? निपट महाराज ने इसका कारण बतलाया कि जब वहाँ देवता की स्थापना की तो यवन लोग वहाँ नहीं जाते थे और जब वहाँ मसजिद बना दी तब वहाँ हिन्दू लोग नहीं आते थे, किन्तु जब से

1. 'औरंगाबाद की हिन्दी संत वाणी', डॉ० भालचन्द्रराव तेलंग, रामनारायण-लाल बेनीप्रसाद, इलाहाबाद-2, प्रथम संस्करण : 1967 ई०, पृ० 17

वहाँ शौचकूप बनवा दिया तो हिन्दू यवन दोनों वहाँ स्वतः आते जाते हैं। मनुष्य की बुद्धि ही ऐसी निम्न और हीन है कि नरक में वह भेदातीत हो जाती है। मैं क्या करूँ?' इन शब्दों को सुनकर पठान हाकिम के मन में बोध आया और वह भी निपट महाराज का भक्त बन गया।[1]

(47)

भक्त लीलामृत के प्रसंगों को पढ़कर निपट बाबा की ख्याति का बोध होता है। दूसरी बात उनके प्रति लोकविश्वास की प्रतीति होती है। महाराष्ट्र के सन्तों से उनका नियमित सम्पर्क बना हुआ था। इन सन्तों का जब विवरण लिखा जाता तो उनमें निपट बाबा को भी सम्मिलित कर लिया गया। निपट बाबा से सम्बन्धित किंवदन्तियाँ मराठी में लिखी हुई मिलती हैं। इस देश की सन्त परम्परा के साथ वे जुड़े हुए हैं। कबीर के काल में और निपट बाबा के काल में काफी अन्तर है। लगभग तीन शताब्दियों का अन्तर है फिर भी किंवदन्तियों में दोनों को एक साथ ही जोड़ा गया है। कबीर का निम्नलिखित दोहा है—

चलती चक्की देखके दिया कबीरा रोय।
दो पाटन के बीच में, साबित बचा न कोय।।

इसी तरह एक और दोहा है—

रंगी को नारंगी कहे, बने दूध का खोया।
चलती को गाड़ी कहे, देख कबीरा रोया।।

'देख कबीरा रोया'—वाली पंक्ति लोक में अधिक प्रसिद्ध है। ऊपर जो शौचकूप वाला प्रसंग लिखा गया है, उसमें 'देख कबीरा रोया' वाला संकेत है। कबीर ने भी हिन्दू-मुस्लिम को जोड़ने का प्रयत्न इसी तरह किया था। कबीर रमते जोगी थे किन्तु वे प्रधान रूप से बनारस में रहे। निपट बाबा औरंगाबाद में थे। किन्तु महाराष्ट्र के सन्तों की यात्रा बनारस तक हुई है। कहते हैं—'भक्त कबीरदास काशी में भक्ति-परायण जनाबाई को चक्की चलाते देख शोक में रोते जा रहे थे। इसी अवसर पर वहाँ एकाएक निपट महाराज प्रकट हुए और उन्होंने कबीर से पूछा कि तुम्हारे रोने का कारण क्या है? तब कबीर ने रोने का कारण बतलाया (चलती चक्की……साबित बचा न कोय)—कि आकाश और पृथ्वी की इन चक्की के पाटों के बीच में जगत् के प्राणी पिसे जा रहे हैं, यही देख मैं रो रहा हूँ। कहते हैं निपट महाराज ने कबीर को इस प्रकार समझाया कि यह तेरा ख्याल बिलकुल गलत है। सब सृष्टि ईश्वर से बनी है। अतः जो रामनाम लेता है उसे किसी प्रकार

1. 'औरंगाबाद की हिन्दी सन्त वाणी', डॉ० भालचन्द्रराव तेलंग, रामनारायणलाल बेनीप्रसाद, इलाहाबाद-2, प्रथम संस्करण, 1967 ई०, पृ० 16 और 17

का भय नहीं रहता। निपट बाबा ने और भी तर्क दिए और कबीर से संवाद कर, उसे समझाया। यह सारा वृत्त महीपति कवि ने 'भक्तिविजय'—(मराठी में) में विस्तार से लिखा है। डॉ० भालचन्द्रराव तेलंग ने 'भक्तिविजय' की सम्बन्धित पंक्तियाँ अपनी पुस्तक में दी हैं। उसी पुस्तक से उक्त अंश नीचे उद्धृत कर रहा हूँ।—[1]

॥श्री गणेशाय नम: श्री कृष्णाय नम:॥

ऐका सन्त चरित्र ग्रन्थ सार। हाचि पयोब्धि क्षीरसागर॥
नाना दृष्टान्त हे जलचर। सप्रेम जीवनी धावती ॥1॥
आवडीच्या लाटा उसळती। ज्ञानाकाश भेंदू पाहती॥
भाविक मेघ धांवोनि येती। जीवन पीती कथानक ॥2॥
मग संसार तापें करून। संतप्त झाले होने जन॥
त्यांवरी वर्षती जाऊन। स्वानन्द जीवन ते वेळीं ॥3॥
श्री पांडुरंग कृपाचन्द्र थोर। तो उदयासी येतां साचार॥
मग या सागरासी अपार। सप्रेम भरतें आवरे ना ॥4॥
कार्तन प्रसंग पर्वकाळी जाण। जो या ग्रंथ सागरीं करील स्नान॥
त्याचा भवरोग दारुण। जाईल जाण निश्चयेंसी ॥5॥
मागील अध्यायी कथा पवित्र। संती उठाविला कबीर पुत्र॥
पुढे काय वर्तले चरित्र। श्रोतीं पवित्र परिसावें ॥6॥
एके दिवसी कमाल तात। रात्री चालला बाजारांत॥
श्री रामभजन प्रेमयुक्त। कर्तीतसे तेधवां ॥7॥
वीणा घेउनियां करी। मंडळे स्वरें कीर्तन करी॥
श्रीराम रूप आठवूनि अंतरीं। सप्रेम भरीं गातसे ॥8॥
मोह ममता मानाभिमान। दुराशा टाकून निजमन॥
सांडोनि अहंता मी पण। श्रीराम चिंतन करीत से ॥9॥
तो एक वाणीण बाजारांत। दळीत बैसली असे ते थे॥
तें दृष्टी देखोनि कबीर भक्त। द्रवलें चित्त तयाचे ॥10॥
उभा ठाकोनि ते अवसरीं। दीर्घ स्वरे रुदन करी॥
देखोनि हांसती नरनारी। नवल करीती तेधवां ॥11॥
एक पुसती कबीरासी। कां गा येथें रुदन करिसी॥
कोणें गांजिल आहे तुजसी। सांग आम्हांसी ये वेळे ॥12॥

---

1. 'औरंगाबाद की हिन्दी सन्त वाणी', डॉ० भालचन्द्रराव तेलंग, रामनारायण-लाल बेनीप्रसाद, इलाहाबाद-2, प्रथम संस्करण, 1967 ई०, पृ० 18 से 21 तक।

ऐसे बोलती लोक अपार । परी कोणासी ने दी प्रत्युत्तर ।।
म्हणे माझ्या दुःखाचा परिहार । यांचेनि साचार नव्हे की ।।13।।
शिणल्या पासीं सांगतां दुःख । तरी अधिकचि वाटे संताप ।।
ददुरें मित्र केलिया सर्प । सौख्य अणुमात्र नेदीच तो ।।14।।
मद्यपियासी विवेक नीती । चतुर पण्डित न पुसती ।।
रोगिया पासोनि औषध न घेती । तार्किक जैसे सर्वथा ।।15।।
नातरी तृषा लागतां अपार । चातक न पीतीं नदीचें नीर ।।
कीं चन्द्र उदयावीण साचार । चकोर तृप्त होतीय ना ।।16।।
कीं खळ अज्ञान असतां श्रोता । प्रेम उल्हासें न बदेचिवक्ता ।।
कीं पान्याचे मोतियाँ सर्वथा । राजहंस चिता न आणिती ।।17।।
कीं मतंग देखोनि दुरून । द्विज न देतीं आशीर्वचन ।।
कीं निंदका पासीं एकांत जाण । चतुर सज्ञान न साँगति ।।18।।
तेवीं माया लोभी अज्ञान नर । कबीरासी पुसती विचार ।।
परी तो नेदीच प्रत्युत्तर । रुदन करी अनुतापें ।।19।।
नाना परीचे त्रिविध जन । एक मेकाँसी बोलती वचन ।।
कबीरासी वेड लागलें म्हणून । उगाच रडतो बाजारी ।।20।।
तंव निपट निरंजन ते समयीं । अवचित आले तये ठायीं ।।
कबीरासी पुसती लवलाहीं । किमर्थ शोक मांडिला ।।21।।
नेत्र उघडोनि जंव पाहे । तंव ज्ञानसागर पुढें उभा आहे ।।
मग धैर्य धरूनी लवलाहे । बोलता जाहला ते समयीं ।।22।।
म्हणे यासी सांगतां साचार । कांहीं करितील परिहार ।।
ऐसे म्हणोनि भक्त कबीर । बोलता जाहला तेधवां ।।23।।
सद्वैद्यासी व्यथा सांगता जांण । रोगियाचें उल्हास युक्त मन ।।
कीं माये पासी सासुरवासिण । दुःख सांगतां न वंची ।।24।।
की संशय वाटला चित्तासी । तो सच्छिष्य सांगे श्री गुरूसी ।।
तेवीं कमालतात निपट यासी । सांगता जाहला तेधवां ।।25।।
कबीर म्हणे सद्गुरु मूर्ति । अनुताप जाहला माझे चित्तीं ।।
कृपावंते पुसिलें प्रीती । तरी सांगतों रीति ते ऐका ।।26।।
जातें फिरतां देखिलें जाण । त्या माजीं पीठ होताती कण ।।
तैसीच गती मज कारण । भवचक्रांत पडलीया ।।27।।
म्हणोनि भय वाटलें देख । अट्टहासें मांडिला शोक ।।
तुम्हांवाचूनि भवदुःख । कोण निवारील आमुचें ।।28।।
ऐकोनि निपट बोलि त्यासी । व्यर्थ कां उगाच शोक करिसी ।।
जातें फिरतां देखोनि तुजसी । अनुताप चित्तासि वाटला ।।29।।

तरी येच विषयीं विष्णुभक्ता। संशय निरसीन तुझा आतां ॥
आधार टाकूनि भोंवतें फिरतां। काळ चक्रीं पीठ नाहीं होती ॥30॥
खुटियांसी कण लागोनि राहिले। ते कालचक्रीं पीठ नाहीं जहालें ॥
तेवीं श्रीराम भजनी जे विनटले। ते काळें ग्रासिलें नाहींत कीं ॥31॥
तूं तर सत्वधीर वैराग्यशील। शांति क्षमेचा होसी अचल ॥
आणि स्वप्नीचें भय देखोनि तळमळ। व्यर्थ कासया करितोसि ॥32॥
ऐसी ऐकोनियां मात। कबीर जाहला सावचित्त ॥
प्रेमभावें आलिंगित। एकमेकांसी तेधवां ॥33॥
येर येरांसी नमस्कार। प्रेमें घालिती वैष्णव वीर ॥
मग कबीर तेथोनि सत्वर। आश्रमासी पातला ॥34॥
नाना परीचें प्रबंध कवित्त। नित्य हरीचे गुण वर्णित ॥
आनन्द भरें प्रेमयुक्त। नित्य करीत कीर्तन ॥35॥

(48)

मक्के के बेर की कथा पीछे लिखी गई है। वह कथा 'भक्तलीलामृत' में मिलती है। उस कथा के साथ और प्रसंग भी जुड़े हुए हैं। औरंगजेब निपट बाबा के सम्पर्क में आया और चकित रह गया। भक्तलीलामृत की पंक्तियाँ इस प्रकार हैं। ये पंक्तियाँ 'औरंगाबाद की हिन्दी सन्त वाणी' पुस्तक से उद्धृत की जा रही हैं।[1]

निपट-निरंजन जीवनमुक्त ज्ञानी, दिल्लीश्वरा कोजी निवेदिले।
त्यांनी स्वार यासी आणायाधाडिले, बागेमध्यें आले यांजपासी।
गुफेंत श्रीकण्या मृण्मय पात्रांत, होते हे भक्षीत तयेवेळे।
राउताची हांक ऐकता तैसेचि, येयी बाहेरचि खात खात।
दाढी पोटावरी बोधळ पाहिले, कुश्चिळ दाविलें रूप त्यासी।
अभक्तां संतांचें माहात्म न कळे, थु ऐसे बोलिलें तोंडवरी।
सिद्ध बोलीयले तुमच्या तोंडांत थु,यो आमुच्या सुखांत नको तुझा।
ऐसे बोलताचि राउताच्यामुखी, जळांश निशेखीं नाहीं होये।
जिह्वाच ते कोरडी जाहाली ते काळीं, शरण तयेवेळी येतीयांसी।
दया आली मग मोकळे हो केले, पांई ते लागले तये वेळीं।
मग सिद्धगेले आपुले झोपड़ींत, स्वार होवोनी स्वस्थ रहाते जाले।
अस्तमानीं राहे प्रहर दिवस, गेलेहे दिस्सीस योगसिद्धी।

---

1. 'औरंगाबाद की हिन्दी सन्त वाणी', डॉ० भालचन्द्रराव तेलंग, रामनारायण-लाल बेनी प्रसाद, इलाहाबाद-2, प्रथम संस्करण, 1967, पृ० 21

मशिदींत मध्य कोनाडयांत गेले, जावोनी बैसले तयेवेळीं।
पाशाह कुराण पढावया आला, अकस्मात् यांला पाहाता हे।
बिचारितां नाम निपट सांगती, बोलाविलें प्रीति म्हणूनि आलो।
पाशाह ने तेव्हां केला चमत्कार, सांडोनी कलेवर मक्के गेला।
तेथे सात सिद्ध होते त्या नमन, बद्री वृक्ष जाण होतां तेथें।
निपट ही गेले त्या वृक्षी देखील, बोरे खातीं वहिले आनंदांत।
पाशाह प्रसाद मागतांचि म्हणत, देऊं मशिदी चाल आतां।
गेला शरीरांत पाहे कोनाडयांत, बैसले हे खात बोरें तेथ।
बोराचा प्रसाद देतां लोटांगण, घालोनियाम्हणे ईश्वर हा।
मग सुख गोष्ठी तेथें बोलोनिया, पत्र घेवोनिया तया स्वारा।
आले बागे अंत पत्र दिल्हें त्यांसी, गेले ते दिल्लीस तयेवेळीं।
पाशाहीसी सर्व थुक्याचा वृत्तांत, सांगता सिद्धातें म्हणे धन्य।
ऐसी संत लीळा गाती जे ऐकती, तेही धन्य होती भीम म्हणे।

भक्त लीलामृत की इन पंक्तियों का सार इस प्रकार है—

निपट-निरंजन जीवन्मुक्त ज्ञानी थे। उनकी ख्याति दिल्लीश्वर (औरंगजेब) के कानों तक पहुंची। किसी ने उनके बारे में औरंगजेब से कहा। औरंगजेब ने उन्हें बुलवाने के लिए सवार भेजे। वे उस बाग में आए। उस समय निपट महाराज अपनी गुफा में मिट्टी के पात्र में ज्वार की श्रीकणी खा रहे थे। द्वार पर आहट सुनते ही खाते-खाते वे बाहर वैसे ही चले आए। दाढ़ी और पेटपर गिरे कणों को देखकर अभक्त सवारों ने घृणा से थू थू कहा। निपट महाराज ने कहा—'अच्छा, ये थूक तुम्हारे मुख में न रहे और मेरे ही मुंह में रहे।' चमत्कार देखिए। सवारों के मुख का थूक सूखने लगा। आर्द्रता कम हो गई। जिह्वा तालु से चिपकने लगी। सवार घबरा गए। शरण में गए। निपट बाबा को दया आ गई। उन्होंने क्षमा कर दिया फिर अपनी कुटी में चले गए। सवार भी स्वस्थ होकर लौट गए। दिल्ली पहुँचे। उस समय सूर्यास्त का समय था। औरंगजेब मसजिद की ओर गए थे। निपट महाराज भी उसी समय वहाँ आकर बैठ गए। बादशाह ने कुरान पढ़ना शुरू किया। पास में बैठे हुए निपट महाराज से पूछा तो निपट बाबा ने कहा—आपने बुलाया है, हाजिर हूँ। बादशाह भी सिद्ध पुरुष थे। अपना कौशल दिखाना चाहते थे। अपना कलेवर वहीं छोड़ दिया और मक्का चले गए। निपट भी वहाँ पहुंचे। वहाँ बेर का पेड़ था। बेर खाने लगे। बादशाह ने कहा—बेर दो। निपट बोले—'मसजिद में चलो, बेर दूंगा।' बादशाह तुरन्त मसजिद में चले आए। अपना कलेवर धारण किया। देखा, कोने में बैठे निपट बाबा बेर खा रहे हैं। बाद में प्रसाद माँगा। दोनों में बातचीत हुई। उसके बाद वे दोनों सवार

बादशाह के पास पहुँचे । उन्होंने निजी अनुभव का सारा वृत्त (थूक वाला प्रसंग) सुनाया। और दोनों ने ही निपट-निरंजन का परिचय दिया।

(49)

शिवसिंह सरोज में निपट बाबा का उल्लेख मिलता है। सरोज का सर्वेक्षण करने वाले विद्वान डॉ० किशोरीलाल गुप्त ने निपट बाबा के सम्बन्ध में सरोज की पंक्तियाँ उद्धृत की हैं। वे इस प्रकार हैं—

389/335

(2) निपट निरंजन स्वामी, सं० 1650 में उ०। यह महाराज गोस्वामी तुलसीदास के समान सिद्ध हो गए हैं। इनके ग्रंथों की ठीक-ठीक संख्या मालूम नहीं होती। पुरानी संग्रहीत पुस्तकों में सैकड़ों कवित्त हम इनके देखते हैं। हमारे पुस्तकालय में **शांत सरसी** और **निरंजन संग्रह** ये दो ग्रन्थ इन महाराज के बनाए हुए हैं। इनकी कविता में बहुत बड़ा प्रभाव यह है कि मनुष्य कैसा ही काम-क्रोध इत्यादि पापों से बद्ध हो, इनके वाक्य के श्रवण-कीर्तन से निस्सन्देह मुक्त हो जाएगा।[1]

इन पंक्तियों के आधार पर यह बात प्रमाणित होती है कि निपट बाबा की रचनाएं दूर-दूर तक फैल गई थीं। वे शिवसिंह के पुस्तकालय में थीं। **शांत सरसी** और **निरंजन संग्रह** की प्रतियाँ देखने के लिए मिल जाएँ तो निश्चित ही वे व्यंकट स्वामी सद्गुरे द्वारा संकलित सामग्री से अधिक प्रामाणिक होंगी। उनकी भाषा भी पुरानी होगी। इस सम्बन्ध में काम और आगे बढ़े तो अच्छा होगा। डॉ० किशोरीलाल गुप्त ने 'शिवसिंह सरोज' की उपलब्ध सामग्री का सर्वेक्षण किया है। उनकी टिप्पणी इस प्रकार है[2]—

श्री सफीउद्दीन सिद्दीकी, आर्ट्स और साइंस कालेज, औरंगाबाद, हैदराबाद; दकन में अध्यापक हैं। इन्होंने दिल्ली से निकलने वाले साप्ताहिक उर्दू 'आईना' (19 सितम्बर 1955 का अंक) में निपट-निरंजन पर एक लेख लिखा है, जिसका शीर्षक है **'औरंगजेब से गुस्ताखियाँ करने वाले संत कवि, हिन्दी-उर्दू दोनों के मुइतर का शायर।'** इस लेख में निपट-निरंजन के अनेक कवित्त उद्धृत हैं, जिनमें आलमगीर का नाम आया है। उदाहरण के लिए एक ऐसा कवित्त यहाँ उद्धृत किया जा रहा है—

---

1. सरोज सर्वेक्षण, डॉ० किशोरीलाल गुप्त, हिन्दुस्तानी एकेडेमी इलाहाबाद, प्रथम संस्करण, 1967 ई०, पृ० 376
2. वही, पृ० 377

हम तो फकीर खुद मस्त हैं, खुदा पै फिदा,
रहैं जग से जुदा, कुछ लेना है ना देना है।
शाहों के वे शाह, नहीं हमें कुछ परवाह,
चेलाचाटी की न चाह, ताना है न बाना है ॥
मन ही नहाना धोना, पवन का खाना पीना,
आस का ओढ़ना और पृथ्वी का बिछौना है।
कहै निपट निरंजन, सुनो आलमगीर,
सुन्न हरि महल बीच सोना ही तो सोना है ॥

इस लेख के अनुसार निपट-निरंजन औरंगजेब के शासनकाल सं० 1715-1764 में हुए। अतः सरोज में दिया हुआ संवत् 1650 ठीक नहीं। लेख के अनुसार यह बुन्देलखण्ड के चन्देरी गाँव के रहने वाले थे। यहाँ से आकर यह खुल्दाबाद, औरंगाबाद में बस गए। बचपन में ही इनके पिता का देहान्त हो गया था। इनकी माँ ने इनका लालन-पालन किया था। लड़कपन ही से इनका साधुओं से संग रहा। इनका असल नाम अज्ञात है। कविता में छाप निपट-निरंजन है। संवत् 1740 के आसपास औरंगजेब ने दक्षिण में औरंगाबाद बसाया। उसी समय निपट-निरंजन दक्षिण गए और औरंगाबाद के निकट एकनाथ के मन्दिर में बसेरा लिया। फिर कुटिया बनाकर वहीं रहने लगे। यहाँ से देवगिरि (दौलताबाद) चले गए। औरंगजेब के 25 वर्षीय दक्षिण प्रवास के समय इनकी मुलाकात उससे हुई थी। आलमगीर निपट महाराज की आध्यात्मिक शक्ति का कायल था। इनकी कविता में अरबी-फारसी के शब्द और खड़ी बोली के प्रयोग भी मिलते हैं। इसीलिए इनको हिन्दी उर्दू का सम्मिलित कवि कहा गया है। खोज में इनके तीन ग्रन्थ मिले हैं—

1. **कवित्त निपट जी के** : 1917/128। यह निपटजी की फुटकर कविताओं का संग्रह है। ग्रन्थ अपूर्ण है, फिर भी इसमें 214 कवित्त सवैये हैं। संकलनकर्त्ता कोई दूसरा है, यह इस दोहे से स्पष्ट है—

निपट निरंजन समय पर, कहै जु बचन बिलास।
ते सब में अनुक्रम करि, लिखे नाम धरि तास॥

2. **शांत रस वेदांत** : 1932/306। यह प्रति शिवसिंह के पुस्तकालय की हैं। संभवतः इसी का उल्लेख सरोजकार ने 'शांत-सरसी' नाम से किया है। यह भी कवित्त सवैयों में है और सम्पूर्ण है। इस प्रति में 95 छंद हैं।

3. 1929/253। प्राप्त ग्रन्थ आदि अन्त दोनों ओर से खण्डित है।

(50)

सरोज में और सरोज के सर्वेक्षण में निपट बाबा की रचनाओं के उल्लेख को देख-कर लगता है कि उनकी और भी रचनाएँ होंगी। बात यह है कि उन एकत्रित या संकलित संग्रहों को पूर्ण नहीं कहा गया है। अतः अनुमान के लिए जगह है। इस पुस्तक के सम्पादन में सरोज में उल्लिखित रचनाओं का उपयोग नहीं हुआ है। वस्तुतः पाठ का ठीक-ठीक सम्पादन करने के लिए सरोज में उल्लिखित रचनाओं का उपयोग करना आवश्यक है।

(51)

श्री सफीउद्दीन सिद्दीकी साहब ठीक कहते हैं। निपट बाबा की भाषा हिन्दी-उर्दू दोनों के बीच की कड़ी है। जिस समय निपट बाबा कवित्त, दोहे और सवैये रच रहे थे, उसी समय वली, गजल, फर्दियात, रुबाइ, चार-दर-चार, मुखम्मसात, मुस्तजाद, तर्जीअबंद, कसायद और मसनवियात लिख रहे थे। वली की शैली में उर्दू के छंद हैं। निपट बाबा की शैली हिन्दी की है। रीतिकालीन दरबारी शैली में लिखने पर भी निपट बाबा दरबारी कवि नहीं हैं। वे सन्त हैं और सन्तों की बानी में बोलते हैं। नाथ सिद्धों से जो परम्परा चली आ रही थी, उसी शैली में वे लिखते हैं। भाषा उनकी बदली हुई है। समकालीन (औरंगजेबकालीन) दक्खिनी के संकेत उनकी भाषा में मिल जाते हैं।

(52)

महाराष्ट्र की सन्त-परम्परा तथा सूफी-परम्परा से निपट बाबा का पूरा परिचय था। सन्तों से वे सदैव मिलते रहते थे। इसीलिए मराठी भाषा में उनके सम्बन्ध में किंवदन्तियाँ लिख दी गई हैं। महाराष्ट्र के सन्तों का विवरण जैसे लिखा गया है, उसी क्रम में निपट बाबा के सम्बन्ध में भी लिखा गया है। ठीक इसी तरह सूफियों से उनका सम्पर्क रहा हो। इस सम्बन्ध में अधिक जानकारी उपलब्ध नहीं है। खोज आवश्यक है। इति शुभम् !

10 अगस्त, 1990 —राजमल बोरा

रत्नदीप
5, मनीषा नगर, केसरसिंहपुरा
औरंगाबाद (महाराष्ट्र) 431005

निपट-निरंजन और आलमगीर (औरंगजेब) का संवाद

आलमगीर (अर्थात् आलम का बादशाह) ने आलम पर प्रश्न किया—निपट बाबा का उत्तर

(1)

आलम में आलम तू आलम को देख जरा,
आलम में जालिमों को आलिम का जाम है।
आलम में आनकर आलिम इलम नहीं,
आलम को पैदा किया उसीका ये ही काम है ।।
आलम में कई, पादशाह हुए होंगे आगे,
आलम का आलमूल, गेब एक नाम है।
कै 'निपट निरंजन', सुनो आलमगीर,
आलम में भूला सो ही नमक हराम है ।।

(2)

पृथ्वी का माथा कहो, आकाश का पोत कहो,
चन्द्र की ज्योत कहो, कहाँ पर ठिकाना है।
वायु की नाभी कहो गनेश की स्वाबी कहो,
समुद्र की लांबी कहो, कहाँ तक जाना है ।।
पानी का मूल कहो, राग का रस कहो,
सूरज की तेज कहो, कहाँ पे समाना है।
कै 'निपट निरंजन', सुनो आलमगीर,
एता नहीं जाना मरदाना या जनाना है ।।

(3)

पृथ्वी का माथा मैनागिरी देश माहि,
आकाश का पोत वराह माथ ढराना है।
चंद्र की ज्योत जानो चन्दागिरी परबत,
वायु की नाभी ये तो रंभा की पेड माना है॥
पानी का मूल निरंजन के ही दीदन माही,
समुद्र की लांबी सभी रुख का ठिकाना है।
सूर तेज उदेगिरी राग रस पुरुष शब्द,
गनेस की स्वाबी मान सरोवर जाना है॥

(4)

सूरज का करे मोल, पवन का करै तोल,
पृथ्वी का करे हिंडोल ऐसा नर कौन है।
बाँझ कू पढ़ावे पूत, घट में बोले हैं भूत,
पत्थर का काते सूत, वाको घर कौन है?
कौन दिन कौन रात कौन वाको तात मात,
धूरको चलावे रहा नील भरा कौन है।
कै 'निपट निरंजन', सुनो आलमगीर,
जाने सो गुरु हमारा हम रहे मौन हैं॥

(5)

अर्श मुअल्ला का तक्त चौथे आसमान बीच,
जहाँ पर खुदा ही फक्त तूने वहाँ देखा क्या?
लोहे महफूज बीच रूहे कितनी हैज़मा,
होते किस विध फना अहं फहं रोका क्या?
मलकूद जवरूत लाहूत आहूत में जा,
ऐनूल यकीन में खावे फिर गोता क्या?
कै 'निपट निरंजन', सुनो आलमगीर,
दिलकी दिल्लीन देखा भाड़ फिर झोंका क्या?

(6)

रूह को न रोटी दिया त्रिकूटी न पानी पिया,
अनहद जाय सोया महल उँचे ताल का ।
रात में तो दिन देखा दिन में तो रात देखा,
नीर बीच नूर देखा ज़हूर जमाल का ।।
पवन में गगन देखा गगन में भँवर देखा,
पिंड में ब्रह्मांड देखा मरा देखा काल का ।
कै 'निपट निरंजन', सुनो आलमगीर,
जिसका बाप जिन्दा उसे कौन कहे छिनाल का ।।

(7)

हाजी की हयात देखे काजी कायनात देखे,
जन्नत दोजख देखे, जग जेल खाने में ।
देखे नूर कोहे नूर तज्जलीयाँ भरपूर,
पीरन के पीर देखे दिली आशियाने में ।।
जिंदेपन मौत देखे, रूह की रकात देखे,
बागे-तंजीह देखे दिल तहखाने में ।
कै 'निपट निरंजन', सुनो आलमगीर,
अलख खलक देखे मुर्शद मैखाने में ।।

(8)

काया जाना माया जाना बहन और भैया जाना,
जाना मरदाना और जनाना भी जाना है ।
ऐश जाना तैश जाना दरबार बहस जाना,
पुलाव बिरयानी खाना जाना खान खाना है ।।
शत्रु जाना मित्र जाना पवित्र अपवित्र जाना,
अंबारी औ छत्र जाना म्याना और खजाना है ।
कै 'निपट निरंजन', सुनो आलमगीर,
उसे नहीं जाना कभी, जिसके पास जाना है ।।

(9)

नमाज़ पढ़ी जाने खुदा रियाज बड़ी जाने,
सिजदा करि जाने वजू, कल्मा पढ़ी जाने है।
रमजान रोजा जाने मोहरम ताज्या जाने,
नज़रे नियाज जाने इबादत जाने है।।
कुरान आयत जाने इल्म शरीयत जाने,
मक्का और मदिना जाने ज़ियारत जाने है।
कै 'निपट निरंजन', सुनो आलमगीर,
दिल दरगा के बीच पीर नहीं जाने है।।

(10)

खट पट लटपट खुले ना अंतर पट,
खबर न घटका जो भरमत लटका।
कपट नहीं पटका न तक्कबूर झटका,
खाइशो में अटका ले इबादत चुटका।।
खाये पीये बना मोटा, फिरस्तों का लगे सोटा,
धोबियाका कुत्ता बना घर का न घाट का।
कै 'निपट निरंजन', सुनो आलमगीर,
ले गुरु का गुटका न भवजाल भटका।।

(11)

देखे देखे सब देखे जोग और जंगम देखे,
पोथी और पुराण देखे शास्त्र महाभारत है।
भूमि आकाश देखे रवि शशी प्रकाश देखे,
गुरु व्यास देखे भोग त्याग रचा रथ है।।
अवधूत संसार देखे जात और पात देखे,
शहा और भिकारी देखे हाथ ही पसारत है।
कै 'निपट निरंजन', सुनो आलमगीर,
जो अपने को देखा नहीं सब वो अकारत है।।

(12)

जपतप कर देखे धरती पवन देखे,
बीस बरस पत्ते खाये कछुना भई है।
होम हवन वेद पुरान खटपट कर देखे,
जंत्र-मंत्र-तंत्र किये पथर न पाई है।।
जोग को करत-करत, तीरथ फिरत फिरत,
काम क्रोध ढलत-ढलत जनम गमाई है।
कै 'निपट निरंजन', सुनो आलमगीर,
गुरु पलक में अलख खलक दिखाई है।।

(13)

सूये मरक़द पर सूए नज़र कर,
आरीफों की महफिल मुस्तखील पाना है।
क़लब कर रोशन ले-मुर्शद का अंजन,
आकीलों के मकतब पढ़े एक दिवाना है।।
जैसे खर पर लादे चंदन को बोजा लिये,
मौलवी पंडित थके, गुरु बिन ग्याना हैं।
कै 'निपट निरंजन', सुनो आलमगीर,
भरम न दूर होय ब्रह्म कैसे जाना है।।

(14)

अलक्ष के लक्ष बीच, अनहद नाद जगे,
आत्मा को भूक लगे लगन की प्यास है।
नैना झड़े टकसाल माया त्यागे मालो माल,
करतल भिक्षा-दाल तरु तल वास है।।
मन वृति मणियों में सुरत की डोरीयों में,
अजपा को जाप जपे ओहं सोहं स्वास है।
कै 'निपट निरंजन', सुनो आलमगीर,
छाँड दिया देह व्यास ब्रह्म का अभ्यास है।।

(15)

कंचन कामिनी दोऊ नर कतरनी बनी,
विधाते ने रच दिनी नरक तरनी है।
कतरनी बीच नर कतरे न कतरनी,
सोही नर गुनीजनी नरक तरनी है।।
करनी तरनी बनी कु करनी वैतरनी,
जागचडी कुंडलिनी अमरुत पीनी है।
माया की मेहतरानी आलम की मोहरानी,
'निपट' की सुमरनी बनी उनमनी है।।

(16)

मज़हरे खाने खुदा, जा बजा जलवा नुमा,
मतलये नूरे खुदा तनहा यहाँ आया तू।
मसजुत मलायक, शकले आदम देख,
कलमा अनल हक्क दिल से न गाया तू।।
लाइलाहा इल्ललाह, शम्शेनुमा रसुलिल्ला,
खुदिका फनाह जिल्ला बेखुदीन पड्या तू।
कै 'निपट निरंजन', सुनो आलमगीर,
शहा और गदा यह जुदा भेद लाया तू।।

(17)

तसउफी सूफी निस्ती मसीहा मंसूरे हस्ती,
विलायत नहीं सस्ती, क्या मकजू जाता है।
मंजीले मकसूद तक दिदये तलाशे हक्क,
ला तग्गयूर रख जो नूरे इबादत है।।
नाज़ीर मंजूर नज्र हर ज़जबये कुल,
हस्तीए इल्मो सरुर चश्मे उलफत है।
कै 'निपट निरंजन', सुनो आलमगीर,
तजल्लीए नूरे मेह दिली कायनात है।।

(18)

ईसा गये सूली पर, मूसा गये तूर पर,
जिनकी न पहुँच हुवी चौथे आसमान तक।
नमरूद शद्दाद फिरोन हमान सब,
खुदाई का दावा कर गये नहीं द्वार तक॥
दारा और सिकंदर पता नहीं ज़मीं पर,
अगबर बाबर हुमायू जहाँगीर तक।
कै 'निपट निरंजन', कहाँ तू आलमगीर,
गिरगुट की दौड़ तो सिर्फ एक बाड़ तक॥

(19)

सुनो सुलतान जहान, कौन है मुसलमान,
खुदा की न पहचान, खुदा जिक्र छेड़ा है।
कल्मा पढ़े भराभर मल्मा तो भरा अंदर,
सौ सौ चूहे खाय के बोका हज्ज दौड़ा है॥
करे नमाज रोजा न रूह का रकान खोजा,
जकात का लिया बोजा जगत बखेड़ा है।
कै 'निपट निरंजन', सुनो आलमगीर,
नाचना तो आवे नहीं कहे अंगन तेढ़ा है॥

(20)

हिन्दु को काफीर कहे कबर को पीर कहे,
नर आलमगीर कहे किताब सम्राट का।
जो दम गाफील होय सोदम काफीर होय,
सुन मुन-बुक मूंन, सो ही जान गाठ का॥
कल्ब को रोशन कर मुर्शद के मकतब,
उमर गमाया सब तैंने अपने साठ का।
कै 'निपट निरंजन', सुनो आलमगीर,
धोबिका कुत्ता रहा घर का न घाट का॥

(21)

सपने के जग बीच सपना तू देख रहा,
मेरा-तेरा, तेरा-मेरा माया का संदेश है।
राजा सो ही रंक होवे, रंक सो ही राजा होवे,
दुनिया बनी है तब से ये ही तमाशा है।।
सारे भोग भोगने का भोगता बनेगा कब,
कल की खबर नहीं दिल्ली का अंदेशा है।
कै 'निपट निरंजन', सुनो आलमगीर,
काजी-जी दुबले क्यों तो सारे शहर अंदेशा है।

(22)

खुद को ही नहीं जब खुद की खबर कुछ,
ऐब की नज़र है या रब गीत गायेगा।
अपनी बुराइयों पे अपनी नज़र कर,
दुनिया में बुरा फिर, देखने न पायेगा।।
ऐश में खुदा को भूला तैश में न खो के खुदा,
इन्सान होके भी वो हैवान कहावेगा।
कै 'निपट निरंजन', सुनो आलमगीर,
दीन से भी जावेगा औ दुनिया से जावेगा।।

(23)

एक अचरज की बात कछु कही नहीं जात,
हाड माँस को शरीर वामें रहे प्यारा है।
अजी साहेब का नाम सबही के पास रहे,
जीभ ऐसी बसत पानी बीच पर्‌योरा है।।
कान मूँद सुनो सब सुन्न नाक वास नहीं,
जो आँख मूँद देखो तो सब जग अँधारा है।
कै 'निपट निरंजन', सुनो आलमगीर,
बगल में बच्चा और शहर में ढिंडोरा है।।

(24)

साधना न साधे जाय, साधु संत अजमाय,
खुद को न देखा जो खुदा को अजमाई है।
दीवार चुनाय दिये यवन बनाय दिये,
जुलमी की पादशाई शाई ये तबाई है॥
तू अपनी आहूतों से मातबूर मत बन,
गरीबों की हाय से तो, दोजक कमाई है।
कै 'निपट निरंजन', सुनो आलमगीर,
खिलकत खल नहीं करे फल पाई है॥

(25)

अजब अनार दोऊ भिस्त के है द्वार पर,
लखै दरवेश जो फकीर वह न्यारा है।
ऐन के अधार दोउ चष्म के है बीच माही,
खसम को खोज जहाँ झलकत तारा है॥
उसी बिचो बीच फक्त खुदा का है, खुद तक्त,
देख जरा हो के शिस्त भिस्त जहाँ सारा है।
कै 'निपट निरंजन', सुनो आलमगीर,
मुर्शद बिना मुरीद अंधकार सारा है॥

(26)

बिना ही हलक बिसमिल्ला और अल्ला कहे,
बिना ही नज़र नूर नुक्ते को ही देख तू।
बे जुबान कल्मा पढ़े बे कान कुरान सुन,
बिना ही शरीर खुद खुदा को परख तू॥
बिना पैर मक्के जाना, बिना हाथ बेर लाना,
बिना शिस सिज्दा करे होवे तब शेख तू।
कै 'निपट निरंजन', सुनो आलमगीर,
कौन तबक़ पीर दिल की दिल्ली देख तू॥

(27)

कै मक्के में अटकत मदिने में भटकत,
कोह तूर पर जात आपि मुख मोडले।
कहीं बगदाद जावे, कहीं अजमेर आवे,
कहीं रोजे में आनकर पनाह माँग ले।।
हज्ज और नमाज़ रोजा, जकात, कुरान खोजा,
देखना था देखा नहीं शिज्दे सर फोड़ ले।
कै 'निपट निरंजन', सुनो आलमगीर,
मन को तू मुंडकर खुदा फिर ढूंढ़ ले।।

(28)

वाज वुल मुक्मनूल मुक्तनूल आरे फूल,
चारों जिस्मसे देख, चारों ही तबक तू।
मारेफत शरीयत तरीखत हकिकत,
हक्क से नाहक होके लेवेना सबक तू।।
अम्मारा लव्वामा मुलेहमा मुतमइना से,
चारों नफ्सों को जीत तब आलमगीर तू।
कै 'निपट निरंजन', मरने से पैले मर,
अपनी हस्तीको मिटा छोड़ अजमाना तू।।

(29)

अर्शफूल मखलूकात रब्बूल आलमीन,
ना हिन्दु ना मसुलमान कोई जात पात है।
मक्का न मदिना कासी ना तीरथ बासी
गुरु चेला ना उदासी, अकेला न साथ है।।
ना मात भ्रात तात सुत शास्त्र ना पंच तत्व,
परम हंस ब्रह्म सत्य सब ही समात है।
कै 'निपट निरंजन', सुनो आलमगीर,
ए सारा आलम ब्रह्म ब्रिछ के ही पात है।।

(30)

हिम्मत की तलवार, धीरज की ढाल लेवे,
माया की तोप दगे काया के संग है।
लोभ के हाथी चढै क्रोध के मैदान बीच,
रहम के फौज चढै मन के तूरंग है॥
नेकी और बदि का होय अमन औ सामना,
सच्चे पे शहीर होना मर्दानी उमंग है।
कै 'निपट निरंजन', सुनो आलमगीर,
खुद ही को मारे सोइ कर्बला का जंग है॥

(31)

जिसनें तेरे को पादशाहत अता किया,
उसी दरबार में हम धर्ना दे बैठे हैं।
जानका तुझे है ख़ौफ रक्खा तूने लाखो फौज,
उसी में समजा मौज उसी में ही ऐंठे हैं॥
राजपाट थाट झूट, हाथी घोड़े प्यादे उंट,
कौन बचावे तब जब रब्ब ही रूठे हैं।
आलम फना 'निपट' कहाँ तू आलमगीर,
तेरे नाम धारी राजा, कई ज़मी लेटे हैं॥

(32)

सायर सो सगे और कायर सो सुह काम,
प्यारन पर प्यार आशिक है मरद के।
चाहत के चाकर खवास खूबसूरत के,
रहते आराम बीच आदर और लज्ज के॥
पिता के है पूत पड़ोसी परमारथ के,
सगा न सगी कोइ चेला चाटी है सिद्ध के।
दाता है 'निपट', से भिकारी सूमके जवाँई,
सुनो आलमगीर बहनोई बे दरस के॥

(33)

सूपन के उतारे हलका उंटन को भार होत,
मूसल के उतारे क्या हलका होत गरदा।
लोगन के उतारे कहाँ नौका-का भार जात,
कायर के डराने से क्या भाग जाय मरदा।।
पाँचों इन्द्रीय वश करे तीरथ व्रत करे,
योग आसन मरे निर्मल न हो हिरदा।
कै 'निपट निरंजन', सुनो आलमगीर,
कैं झाटन के उखाड़े से हल्का होत मुरदा।।

(34)

शंकर की सेवा किन्हीं, गणेश के पाय लागूँ,
याही के मनाये काज कोई नाहीं सर है।
पिरों की शिरनी मानी कढाई बाबा नानक की,
भैरों भूपाल अजहूँ ना अमर है।।
नव ग्रह के दाने बाटे बालाजी को दे प्रसाद,
हनुमान को लगाये तेल औ सेंदूर है।
कै 'निपट निरंजन', सुनो आलमगीर,
आई हुई मुद्यत को मुद्यत न कर है।।

(35)

महमद नूर नर जानत जहान सब,
दोज़ख बिहस्त दोनों जिसने बनाया है।
साँचा मसजीत तन चौथा है तबक जान,
तूने तबक में क्या फकीर को पढ़ाया है।।
नूर नबी में है नूर सबको बनाया एक,
बकरी हलाल करे किसने बताया है।
कै 'निपट निरंजन', सुनो आलमगीर,
जाने ना पराई पीर हराम कहाया है।।

(36)

रिद्धि और सिद्धि से न आत्मा की शुद्धि होत,
परमात्मा को जानने की सद्‌बुद्धि चाहिए।
पाँच वक्त नमाज के क्या और वक्त शैतानों के,
राम और रहीम में ना भेद बुद्धि चाहिए।।
अजमेर बुगदाद जर जरी बक्श खाजा,
रमजान रखे रोजा चित्त शुद्धि चाहिए।
कै 'निपट निरंजन', सुनो आलमगीर,
झुकती है दुनिया झुकाने वाला चाहिए।।

(37)

साधू भया साधा नहीं जोगी भया जोग नहीं,
सती भया सत नहीं जती भया कोइ है।
मुनी भया गुनी भया, ज्ञानी भया ध्यानी भया,
तपी भया जपी भया, गुरु औ गुसोई है।।
बिरागी भया त्यागी नहीं, जोगी बियोगी नहीं,
पीर भया थीर नहीं, ओलिया बताइ है।
कै 'निपट निरंजन', सुनो आलमगीर,
दिल की सफाई करो, ये ही बादशाई है।।

(38)

काम सा न बलि देखा, क्रोध सा न छली देखा,
मोह सा न कलि देखा आठो याम साथी है।
इन्द्री से न दोखें बाज, मन सा न दगाबाज़,
लोभ सा न बट्टेबाज़, ये तमाम घाती है।।
नहिं वासना सी नागीनी न तृष्णा सी बगीनी,
आशा सी डाकिनी न रामनाम रटाती है।
कै 'निपट निरंजन', सुनो आलमगीर,
जहाँ पे चोरों का डर वहीं शाम होती है।।

(39)

मल्लधारी मुत्र धारी, अंग अंग छूत भारी,
हम तो हैं कामी क्रोधी नींद के अघोरी हैं।
छत्रधारी शस्त्रधारी तकते पराई नारी,
ऐसे ब्रह्मचारी विष-विषय सहारी हैं।।
तीलक धारी मुद्राधारी, गर्व और गुमान भारी,
आशा तृष्णा के पुजारी, झूट के जुवारी हैं।
कै 'निपट निरंजन', सुनो आलमगीर,
ऐसे पतीत तारे क्या दरबार भिकारी हैं।।

(40)

सत् की कोंपीनबाद, छमा हु की छांल ओड,
सुमति किमाला अनुभव भबूत लगावरे।
दया की भिक्षा माँग, धीरज की धूनी ताप,
इस काया बन हूते नेक फल खावरे।।
शीतल सरीता काटे ज्ञान की गुप्त बनाव,
तामें चित मन दे जटा को बडावरे।
कै 'निपट निरंजन', सुनो आलमगीर,
येता जोग साधे तब ब्रह्म पद पावरे।।

(41)

चित में न चित्त दिया मन को न मान दिया,
बुद्धि को न सिद्ध किया चाल में कुचाल के।
नैन में न नैन दिया बैन को न पैन किया,
मरे मे न मरा जाय न जिया जाय काल के।।
भोग में न योग लिया न योग में वियोग किया,
जिव को न शिव किया जीवन ये फल के।
कै 'निपट निरंजन', सुनो आलमगीर,
करना सो न किये फिर किये क्या छीनाल के।।

(42)

नर में न नूर हुआ दुबिधा न दूर हुआ,
मन नहि चूर हुआ क्या जावे लाहूत में।
माया से न छूट हुआ ब्रह्म से न भेद हुआ,
न रहा कपूत में और न रहा सपूत में॥
आने का न ध्यान हुआ जाने का न ग्यान हुआ,
मूत ही से भयो प्यारे जावे फिर क्या मूत में।
कै 'निपट निरंजन', सुनो आलमगीर,
मन गया चूल्हे में चित्त गया झमेले में॥

(43)

मन ही करे बिरागी, मन ही करत रागी,
मन करे योगी भोगी मन ही उभाड़ता।
मन ही करत ग्यानी, मन करे अभिमानी,
मन ही में मायालानी, मन हीं लूभाड़ता॥
मन ही करे फकीर मन करे आलमगीर,
बड़े बड़े रणशूर रण में पछाड़ता।
कै 'निपट निरंजन', सुनो आलमगीर,
पहचानत का चोर जान से ही मारता॥

(44)

इनसानी हैवानी जमादी जमाती सिफत
आतीष बाद आब खाक चारों सवार हैं।
जबरील, मिकाईल इस्राइलु इज्राइल,
चारों ही फिरस्तों का लगा हुआ डर है॥
मशरीक मगरीब, जुनूब शुमाल देखा,
तू जिसे ढूंढ़ रहा कहाँ उसका घर है।
कै 'निपट निरंजन', सुनो आलमगीर,
घर में चिराग नहीं मशाल बाहेर है॥

(45)

जात औ जमाले पाक जलाल कमाल-ख्याल,
अर्शलव कुर्सी यह चारों कायनात है।
सोहरावर्दि नक्शबंदी, चिश्तीया कादरिया,
नमाज जकात रोजा, हज्जे इबादत है॥
जिक्रे जली, जिक्रे खफी मुराकबा, मुजाहिदा,
वाहीद रहमान रब्बे अहदत है।
कै 'निपटे निरंजन', सुनो आलमगीर,
बे खुदी की शाही मस्ती जीन्दगी जन्नत है॥

(46)

ईसा मूसा महंमद इबराहीम दाऊद,
चारों पैगंबरों का मिला पैगाम क्या?
उस्मान फारूक अकबर अली खलिफा,
जंगे खिलाफकता हुआ कर्बला हंगाम क्या?
जी साकूल अक्कलकूल, तबीयत ज़ारे कूल,
खाक सारी आदम का आखरी अंजाम क्या?
कै 'निपट निरंजन', सुनो आलमगीर,
मू तू कबला अंता मु तू उस्का मुकाम क्या?

(47)

पढ़ता वेद पुरान जानता था भेद बहु
पढ़ता था व्याकरण, मुल्ला व्यास के समान है।
जबूर तौरेत बायबल कुरान शरीफ
पढ़के न तूने किया अपना पहचान है॥
कई सुन्नीयों में खेला कई सीया को झमेला,
कई शेख सैयद औ मुगल पठान है।
कै 'निपट निरंजन', सुनो आलमगीर,
दोजख जन्नत यह आमालों की खान है॥

(48)

कायर क्या जाने रब बीच जाय जंग, लड़े,
संत-वली समजे क्या मान अपमान को।
कुलटा क्या समजत, जात और पात लज्जा,
सती क्या समजत रंग रूपवान को॥
पवन क्या जानत है वृक्ष और परबत,
पानी क्या समजत महल है मकान को।
कै 'निपट निरंजन', सुनो आलमगीर,
अंधा क्या जानत दर्शन भागवान को॥

(49)

लंगड़ा क्या जानत है दौड़ और धूप करे,
बहिरा क्या जानत ज्ञान और अज्ञान को।
टूड़ा क्या जानत है मृदंग ताल डफ ढोल,
मुक्का क्या समजत पोथी औ पुरान को॥
सूम क्या जानत दया और धर्म दान,
पापी क्या जानत माता और बहन को।
कै 'निपट निरंजन', सुनो आलमगीर,
खुदा को न जाने, फिर जाने क्या शैतान को॥

(50)

दाता थे सो बंद पड़े, फकीर दौलत चड़ै,
चोरों के मरातब बड़े जाके घर ना दार है।
दोस्तों को बेदर्दी दासन के अंग चिन्दी,
बाप की न क्रिया साधी गीध का उद्धार है॥
सती कु बिपत पड़े कुटनी बेकुंट चड़ै,
धर्मि तो जंगल पड़े, अर्धामि सत्कार है।
कै 'निपट निरंजन', सुनो आलमगीर,
एक बात क्या कहे अंधा धुंद दरबार है॥

(51)

तेरी अदालत में अदल इन्साफ नहीं,
चोरी हो रही है दिन रात उस चोर की।
खायशों में चोरी होत, अयाशी में रहे सोत,
रहती उसे है कहाँ सूझबूज दूर की॥
चाहे हो नमाजी हाजी, चाहे सुलतान गाजी,
सजा तो मिलेगी उसे जो कुछ कसूर की।
कै 'निपट निरंजन', सुनो आलमगीर,
कायनात दिनरात इनसाफ हुजूर की॥

(52)

शहंशाह बने हो तो आह सुनो दिनन की,
बानी मरदानी बचन जावे खाली है।
दया के सागर आता, धरम के बने दाता,
प्रजा के पालक पिता, दुःखियों के वाली हैं॥
दरिद्र भिक़ारी व्यभिचारी अनाचारी चोरी
इनसाफ करने में समतोल ख्याली है।
कै 'निपट निरंजन', सुनो आलमगीर,
ये गुन राजा में न हो लुच्चा वो मवाली है॥

(53)

दानी बनना चाहे तो बन करण सा दानी
भीक माँगना हो तो बली सा हो भिकारी है।
राजा बनना चाहे तो बन राम राजा जैसा,
पत्नि निर्दोश त्यागे प्रजा के पुजारी हैं॥
उपकारी बनना हो बन शिबी दधी जैसा,
हरिचंद बिक गये पुत्र अरु नारी है।
कै 'निपट निरंजन', सुनो आलमगीर,
अमीरी में मजा नहीं, जो मजा फकीरी है॥

(54)

हुकूमत किया सत्ता दिल्ली के पाये तक्त,
खलकत बहे रक्त बने शहंशाह ।
गुजरात राजस्थान पंजाब मुलतान सिंध,
दक्कन से हिन्दुस्थान जीतने की चाह है ।।
दीन दुनिया को जीता मन ना मुलक जीता,
आयूष यूँ सारा बिता, मिले नहीं थाह है ।
कै 'निपट निरंजन' सुनो आलमगीर,
आकबत की राह में कैसी ये निगाह है ।।

(55)

मोगलिया सल्तनत, रहेगा ता कियामत
दरगाह जियारत सर टकराया है ।
जग जीतने की जिद्ध कैसे किया नरमेध,
जाना नहीं कोई भेद, कैसी वाकी माया है ।।
हक्क से महरूम रहा, संगे अस्वद चूम रहा,
मक्के में यूँ झूम रहा अलख न पाया है ।
कै 'निपट निरंजन', सुनो आलमगीर,
वली का साया लेने फकीर आज़माया है ।।

(56)

बंदा परवर का बंदा जो बनना चाहेगा,
बंदोको सर झुकाने में हो पाबंदगी ।
दर्द दिल देके भेजा बंदे को बंदानवाज,
इश्क की दौलत मिली आशकाना ज़िंदगी ।।
सर्प राजबंदे पर किया है बंदानवाज,
बे खुदी की मस्ती चड़े जिंदगी में उंदगी ।
कै 'निपट निरंजन', सुनो आलमगीर,
माया का गुलाम हो तो क्या जाने बंदगी ।।

(57)

खाक की है तक्तो ताज खाक की है साज-बाज,
खाक की है मोहताज ताज करे किसका।
बाग और बगीचा खाक महल अटारी खाक,
मुंगा मोती हीरे खाक पत्थर पारस का।।
पाक पर्विदीगार बाकी सब खाक जात,
नाम किया ना पाक, दौलत किस काम का।
कै 'निपट निरंजन', सुनो आलमगीर,
खाक का पुतला होके नाज करे खाक का।।

(58)

हजरते इनसान दावा का हो इम्तीहान,
खुदा की परस्ती में, कितनी कसर है।
जाहीर में जिक्र करे बातीन में फक्र करे,
वह दानियत का तो कुछ ना असर है।।
होश में नहीं बेहोश, रहता है मदहोश,
हुकूमत का ही जोश किस पे नज़र है।
कै 'निपट निरंजन', सुनो आलमगीर,
ऐश में जो खुदा ढूँढ़े क्या खाला का घर है।।

(59)

जिलाता भी मारता भी, तमाशाये कैसा गैबी,
हमने तो दिले नबी बिना खौप दे दिया।
ना समज को न समज आई समझे कुछ,
कुरान पढ हैरान शैतान जगा दिया।।
कौन शहा कौन गदा कहाँ मरा कहाँ पैदा,
नेकी बदी का है सौदा, कियामत ढा दिया।
कै 'निपट निरंजन', सुनो आलमगीर,
मिल गया दरिया में, मैं, तू पाना खो दिया।।

(60)

हाथी घोड़े उंट बंका, नगारों की चोट डंका,
रावण सोने की लंका जैसा जल जायगा।
महलो में है उरुज़ हजारों लगे फानूस,
आवेंगे गियानी मूस नैया बह जायगी॥
खजाने भरे गब्बर खुद की नहीं खबर,
काल है जबर देह कबर लिटायेगी।
कै 'निपट निरंजन', सुनो आलमगीर,
नुमायशी तस्वीर पड़ी ही रह जायगी॥

(61)

एक दिन ऐसा बने लाखों ही सलाम करे,
एक दिन ऐसा बने मातम का तमाशा है।
एक दिन ऐसा बने खजाने की भेंट करे,
एक दिन ऐसा बने जंगल का बासा है॥
एक दिन ऐसा बने अन्न का भंडारा चले,
एक दिन बने फांके, रोटि का अंदेशा है।
कै 'निपट निरंजन', सुनो आलमगीर,
आज दिन ऐसा, न जाने कल दिन कैसा है॥

(62)

इश्क न होता तो शहा इन्तजाम आलम में,
इश्क बिना जिन्दगी तो सुरते बवाल है।
इश्क रुलाये जलाये इश्क पिया से मिलाये,
यह रौशन करावे इश्क का ए हाल है॥
इश्क नींद में ही जाग, इश्क का बुझे न आग,
इश्क में वैराग राग, बेखुदी बेहाल है।
कै 'निपट निरंजन', सुनो आलमगीर,
इश्क पाये काल इश्क जलवा-जमाल है॥

(63)

मानूस जनम लिया जैसा आया वैसा गया,
काया माया छाया पाया, कुटी पै न वास है।
झोंपड़ी हुई पुरानी गिरने की है निशानी,
छाँव धूप की निशानी, तडक लागे बास है॥
शांती की न छाँव जहाँ भ्रान्ती की है खाई वहाँ,
आशा तृष्णा माई बीच आयुष्य का नास है।
कै 'निपट निरंजन', सुनो आलमगीर,
सत्य से निरास मन करे किसकी आस है॥

(64)

सुनना जो चहाता तो सुन अनहद नाद,
देखना जो चाहें तो दिव्य-ज्योति दिख पडे।
साँस लेना चाहता तो सोऽहम का साँस लेवे,
सोचना जो चाहता तो ब्रह्म सोच में अडे॥
चलना जो चाहता तो विहगम मार्ग चल,
जपना जो चाहता तो अजपा जाप में मुडे।
कै 'निपट निरंजन', सुनो आलमगीर,
ऐसी साध साधे नहीं सोइ जात हिजडे॥

(65)

पंच विषय पंच और तामें नहीं चीर ठौर,
कैसे कर प्रभुजी के ध्यान को तो ध्याइये।
यह पंच की वासना मिलेना एक-कू-एक,
पंच को पांच चीज न्यारी न्यारी चाहिए॥
पंच होवे राजी तब क्या करेगा काजी भला,
ए पंचन में येक्य होय, कैसे न मनाइये।
कै 'निपट निरंजन', सुनो आलमगीर,
बिना पंच को मारे कहुं और न जाइये॥

(66)

ये जिब्या ऐसी पापीनी सुधी न राखे आपनी,
रामनाम लेनें को थोडी अलसात है।
खाने को है षट रस, कभी न कहे बस बस,
औ झूटि-मुठी चुगली को दौडी-दौडी जात है ।।
जाके होवे जबान शीरी वाके मुलख गीरी,
ना गरीबी ना अमीरी ना उंच नीच जात है।
कै 'निपट निरंजन', सुनो आलमगीर,
ये माटिके पुतले में जिब्या करामात है ।।

(67)

दिलतो दरियाव है लाखो जहाँ मूँगा मोती,
ऐसी दिन रैन खेती, क्या लादे लिये जायेगा।
देनेवाला एता देता, जाता नहीं जो समेटा,
तेरा देना सारा खोटा तू क्या हमें देवेगा ।।
जिसने तुझे बनाया उसी का ही माँग लाया,
भिकारी वहाँ भिकारी आया कौन किसे देवेगा।
कै 'निपट निरंजन', सुनो आलमगीर,
बूँद से जो गई वह हौद से न आवेगा ।।

(68)

सोने को शरीर तामे लोहे की न लागे कील,
नदि के किनारे कब तक इतरावोगे।
बनी न रहेगी सदा बिगड जायेगी तेरी,
हाथ पैर छोड़कर धनी पास जाओगे ।।
भजो भगवंत जासे बने रहे सब तंत,
अंत के समय कछु पाछे पछताओगे।
कै 'निपट निरंजन', जस के नगारे सुन्न,
कछू लदे लिये आये थे न लदे लिये जाओगे ।।

(69)

नहिं मुकामे गुफ्तेगू न महले जूस्तजू है,
न वहाँ हवास जाय खिरद की रसाई है।
मका है न मकि है न जमा है न जमी है,
दिले बे नवा की वहाँ छावनी छाई है॥
न विसाल न हिजराँ, न सुरूर न गम है,
ख्वाबे गफ़लत की नींद नहीं आइ है।
कै 'निपट निरंजन', सुनो आलमगीर,
मुशर्द के अंजन से मुन्नवर खुदाई है॥

(70)

ख्वाब की है सुलतान, आन बान और शान,
जुज्बी कुल्ली है जहान, माहो माही काया है।
खुद ही मुसबत है खुद ही मन की नाज,
बर्क वेश चंचल छल बल धाया है॥
तू ही शहीद बना तू ही तो मशहूद बना,
जल्वायें इज्ब सानी कसरत समाया है।
कै 'निपट निरंजन', सुनो आलमगीर,
कहीं धूप कहीं छाया, ख्वाबोख्याल माया है॥

(71)

देवल में देव नहीं, मसजिद में खुदा नहीं,
बुत परस्ती न तो खुद परस्ती है।
बेद का तो भेद नहीं कुरान पडे हैरान,
आशना परस्ती ही सच्ची हक्क परस्ती है॥
वहदत कसरत जुजकुल कायनाते,
दिल दरगा कूचे में तज्जली बरसती है।
कै 'निपट निरंजन', सुनो आलमगीर,
मस्तों की अलब बस्ती निराली ही मस्ती है॥

(72)

नश्मो कमर न आवो हवा में देखो,
आतीशे बशर न तो गुंजा चमन में।
दरे दिले वहदत नश्वो नुमाँ पाक जात,
जल्वा ये जहूर क्या नज़र आशियाने में।।
सरदोरक्सो बद में तक्कबूर जामें जम,
कोह काफ आलम न आया ना बातीन में।
कै 'निपट निरंजन', सुनो आलमगीर,
न मक्का न मदिने सारी खुदाई सीने मर्द।।

(73)

तू जो चाहे तेरी मर्जी तेरा ही कानून सच्चा,
तेरी बात चले तेरा ही बिचार आला है।
तुझे सुख मिले तेरे अनुकूल सारी सृष्टि,
तेरी मर्जि के खिलाफ उसे कुचल डाला है।।
तक्तो ताज दफ्तर शाही दरबार बीच,
जिसे चाहे उसे तैंने सूली चडा डाला है।
कै 'निपट निरंजन', सुनो आलमगीर,
मैं मैं से टकराता ये दोजख की ज्वाला है।।

(74)

अहले हुनूद कौन, अहले इस्लाम कौन,
काफीर मौमीन कौन दुई मे जो धून की।
देरे हरम देखा कबरों पे सिज्दा किया,
खुद ही में नही झाँका जिंदगी जुलूम की।।
सफाती यकीन बता, मुन्किर अहले खता,
नहने अकरब में तोहीद कलाम की।
कै 'निपट निरंजन', सुनो आलमगीर,
शाहे बेनियाज हो तलाश के मुकाम की।।

(75)

अहमदखां नगर, मुस्लीम हरिभक्त,
हुकूम दिया तैंने, शिश को उड़ाई है।
न तलवार काम किया थका तो मान लिया,
अहमदनगर तभी से नाम धराई है।।
सरमद सर काटा पिछे जब सोटा लगा,
अनलहक्क कहा सूली मन्सूर चड़ाई है।
कै 'निपट निरंजन', सुनो आलमगीर,
शश्मू तबरेज की खाल खिचवाई है।।

(76)

चारो दिशा मारमार किया तैंने कत्ले आम,
तेग बहादूर की शिस कटवाई है।
गुरु गोविन्द सिंह के, बच्चे थे मासूम दोऊ,
उनको दिवार में नाहक चुनाई है।।
इतनों की बद दुवा फकीरों की दुवा मांग,
फकर की राह धर फकीर आजमाई है।
कै 'निपट निरंजन', सुनो आलमगीर,
सव्वा मन जनेऊ जला खाना तब खाई है।।

(77)

अल्लापीर है मुरशद तो इमान जानो,
मन वो मुदीर है औलिया विचार है।
तन तो सय्यद है दिल पाक, महमद,
बेइमान तुफान है बेहया बेदार है।।
सबूरी तो फकीरी है बे सबूरी मकीरी है,
दया तो दौलत है दरदवान देरकार है।
कै 'निपट निरंजन', सुनो आलमगीर,
बे रहम कसाई सो ही जानो काफीर है।।

(78)

पुन्य तो है पादशाहा पाप तो है दगाबाज,
सुमति तो काजी मुल्ला बुद्दि तो वज़ीर है।
हवस है कोतवाल बेहवस कैद डाल,
अहंकार थानेदार खास सूबेदार है।।
दु:ख तो फना फिल्ला काया का सदर किल्ला,
लालच बजार चित्र गुप्त पहरेदार है।
कै 'निपट निरंजन', सुनो आलमगीर,
जिक्र की फौज चले तौहीद तल-वार है।।

(79)

हाथ तो हलकारे हैं पाँव तो प्यादे मिरधे,
जीभ तो जासूसी करे कामदेव खयाल है।
नैनों के तो बान चले अकल की बंदूक दगे,
चिलखत चिल्लाकशी धीरज की ढाल है।।
हक्क के है हाथी घोडे बे हक्क मैदान दौडे,
रूह के महमूद में रहमत बिसाल है।
कै 'निपट निरंजन', सुनो आलमगीर,
नूर वहदत में फतह की कमाल है।।

(80)

न हजर न खत है न रजा है न दुआ है,
न खयाले बन्दगी न तमन्ना खुदाई है।
न है मुकामें गुफ्तगु न है महले जुस्तजू,
न पौंचे वहाँ हवास खिरद की रसाई है।।
न विसाल न हिजराँ न सरूर है न गम,
जिसे ख्वाबे गफलत नींद जहाँ आई है।
कै 'निपट निरंजन', सुनो आलमगीर,
मका है न मकी छावनी वहाँ छाई है।।

(81)

खुद में न खुदो देखा, खुदा धुढने को चला,
जलूम तो बड़ा ये ही व्यर्थ भरमाया है।
मंदिर मसजित नहीं जंगल परबत नहीं,
काशी मक्का में नहीं धूंड सबही आया है॥
चाँद सीतारे नहीं पुरान कुरान नहीं,
दुनिया है जहाँ तक माया ही की छाया है।
कै 'निपट निरंजन, सुनो आलमगीर,
जो खुदही को गुमाया पाया सो छिपाया है॥

(82)

फना बका शर्ष महू महा जराते सहूद,
जमाये फर्क जमीयूल जमा इन्तेखाम है।
वलये जीन तमकीन तयाये तबाबे तीन,
लबावे पोदामें का शफा तज्जली तमाम है॥
कब्ज बस्त इन्सकूर्ब बाज खातीर सतर,
असबात तव्वजत लवाहे मुकाम है।
कै 'निपट निरंजन', सुनो आलमगीर,
सच्चे इस्लमको ही, करते सलाम है॥

(83)

गौस अबदाल महबूब कुतबे आलम,
सालीक चालीस आरी फोके जो सिफात है।
शगले महमुदा और शगले नासीर जान,
सुलतानुल मुसतबा जो भी इस्मे जात है॥
तवजह जिक्रे जेहर तहज्जुत पासे अन्का,
हफ से दम दम कारे कसरत है।
कै 'निपट निरंजन', सुनो आलमगीर,
कल्बे रोशनी में तज्जली महा जरात है॥

(84)

जेहती नफ़ से जबाने दस्ते तसबीहे रुहे,
इज्जे मुस्कुराते मुल्के कुरान जेहाद है।
अब दिया इश्के जेहद म्वारीफ बज्दे हफीक,
हुजूम तलवे जीन लबाबे बौदाद है॥
लबाहे तयाये तवा हक्कुल एकीन कूर्ब,
इल्मूल लतीफ फाँस बाज खाती राद है।
कै 'निपट निरंजन', सुनो आलमगीर,
फना बका जौक शर्ब कुसूरे सहूद है॥

(85)

जलाले जमाले जात सलाते जकाद हज्ज,
हदीस सुन्ना कयास इष्मा की तौकीर है।
जिस्मकुल अक्लकुल जोरे तबीयत कुल,
चारोही जिस्म का तू देख अनासीर है॥
चुगलखोरी हसद बुग्जे कीना खासीयत,
जलाल कमाले जात जमाले जहूर है।
कै 'निपट निरंजन', हो रूह कल्ब रौशन,
जुलूम के झमेले में कहाँ आलमगीर है॥

(86)

मतलमे नूरे खुदा तनहा आया है यहाँ,
जा-बजा जलवाये नुमा देख कायनात तू।
मसजूत मलाइक बशक्ले आदम देख,
मजहरे खाने खुदा शर्मसे इफात तू॥
लाम का अपना मका मालिके हर दो जहाँ,
जाहीर बातीन समाँ जहाँ की न्यामत है।
कै 'निपट निरंजन', सुनो आलमगीर,
वसिले हक्से गुजर सच्चि इबादत है॥

(87)

दुनिया मुकामें फानी, तहकी के दिलदानी,
गिरफ्त हेचदानी मूए इज़राइल है।
जन पिस्रे बे गदर कसनेस्त हस्तगीर,
गाहे ना नेकी करार, चुनी अहवाल है।।
आखिर बयफ्तम चूँ शब्द के न दारम्,
शबे रोज़ गफतम करे बर्दा खयाल है।
कै 'निपट निरंजन, सुनो आलमगीर,
बगोयद जीतारो तिरापाक पाय माल है।।

(88)

नफ्से जबाने दस्त तसबी के रूहे हज्रत,
जेहनि मुस्कुराते मुलक कुरान सुनायेगा।
रीयाज जहद सब्र तोबा शुक्र तवकुल,
मुकामें रजामें पौंचा नूक्ते नज़र आये।।
जाते मुतलक कुन जाते नुरानी दायम,
हर एक हस्ती नूर नामां शकल पावेगा।
कै 'निपट निरंजन', सुनो आलमगीर,
अपनी खुदी को मिटा खुदा मिल जावेगा।।

(89)

मालिके अर्जसमा तालिबाने हक्कनुमा,
अर्शपर दिल रूबा नूर मुसा देखा क्या?
निश्नये दीदारे लब, चश्मए आबे बका,
मेहमें जलवानुमा इब्राहिम आशिक क्या?
मुर्गे दिल बागे जहाँ दामे उलफत फसे,
औलीयाँ अंबीया को मुश्कील कुशा क्या?
कै 'निपट निरंजन', सुनो आलमगीर,
मुर्शिद तालिबे हक्क बहदत पक्का क्या?

(90)

नज़र में जरात है जगत में नज़र हैं,
तेलना बाती लगा दिया घर घर है।
चलता फिरता धढ़ सरमें खिलाल दौडे,
नफस का उलट मोड फिरे दर दर है॥
उसी में हूँ मैं, मैं में वो अनेक है में एक वो,
हर बरार नाजिर नजर हर शै मंजूर है।
कै 'निपट निरंजन', सुनो आलमगीर,
कहाँ शब, कहाँ दिन नूर ही बस नूर है॥

(91)

अय शहंशाह दौड कासिध छोड उलेमा आबीद,
गैर बीनी गैर दानी ये गुलामी फेंक दे।
उतारदे सरा बदन बाँधले सरको कफन,
बेहया हो एकदम एक ही की कूक दे॥
रोशनी पे हो एक ही आँख से हो नूर बारी,
हर रगो रेशमें घूस मस्ती मूल झोक दे।
कै 'निपट निरंजन', सुनो आलमगीर,
मैं खुदा हूँ मैं खुदा हूँ, राज जो मैं फूँक दे॥

(92)

ऐ मुकाली वहशिया ए खरे दज्जालजली
मंजिले मकसूद की आखरी राह करे।
फर्ज कर्ज गर्ज तेरो नजरे गलत अन्दाज,
तोबा करे गुनाह करे शाम सुबह करे॥
इन्तजारी कशा कशी सूदो जिया बीमारे रजा,
कितनी ये शौल सा उकदा तबाह करे।
कै 'निपट निरंजन', सुनो आलमगीर,
क्या खाला का घर वहाँ शाहों को रीहा करे॥

(93)

ईटकमें रहे भटके खुले ना पर घट के,
दहशत दिल छटके कीला फूज्ज झटके।
गिरेना कभी हटके कि इबादत देट के,
जो शिश चाहे कटके दिल दिया पटके।।
आतीब लगे चटके आँधि तूफान फटके,
हरगीज जा लटके लागी सा न छटके।
ए संतो के फटके ना आलमस्ती तवके,
झटपट निपटके ले निरंजन रटेके।।

(94)

आदम न आदि खोई मामा हवा काँसे आई,
तुरक हिन्दु यहुदी कहाँ से ये आई है।
माया के इसम और पिता के तुकम भये,
तब कहाँ गाय हती कहाँ थे कसाई है।।
कौन मूल्ला कौन बिसमिल्लां दोजक भिहस्त भला,
पुरान कुरान वेद सुन्नत जनबाई है।
कै 'निपट निरंजन', सुनो आलमगीर,
भरम का सब मेला भरम भुलाई है।।

(95)

काशी औ मक्का मदिना जेरूसलम छाना,
यकूस दिली न आना कल्ब मुन्नवर है।
अंजमें हफ्त आसमा बहरोबर सितम,
कूचये जाना की राह जाना दुश्वार है।।
वाहीद मुजर्र दनीला शरीके गैरस्वनी,
आका और खादीम कहाँ लगो मुकतार है।
कै 'निपट निरंजन', सुनो आलमगीर,
दफीने हक्काबिना होगा न दीदार है।।

(96)

हम तो फकीर खुद मस्त है खुदापे फिदा,
रहे जग से जुदा कछु लेना है ना देना है।
शाहों के भी शाह नहीं हमें कुछ परवाह,
चेला चाटी की न चाह ताना है ना बाना है ॥
मन ही में न्हामारे पावा पवन का खाना पीना,
आसका ओढ़ना औ पृथ्वी का बिछोना है।
कै 'निपट निरंजन', सुनो आलमगीर,
सुनहरी महल बीच सोना ही तो सोना है॥

(97)

टूटा सा पाला भला, फाटीसी लंगोटी भली,
जो भी जहाँ देखो तहाँ छिथेड़ों सी लदी है।
जहाँ लगे भूक तहाँ अन्न का निरूप हमें,
जहाँ लगे प्यास तहाँ नाला और नदी है॥
गैफ के फर्श है गैफ के खजाने बहु,
खासा है मनसब आसन ही गद्दी है।
कै 'निपट निरंजन', मनही में मगन है,
करना तो फकीरी दुनियादारी बदी है॥

(98)

कोई तकीयों में मस्त कोई गद्दीयों में मस्त
कोई महलों में मस्त कोई राम रंग मस्त है।
कोई दरबार मस्त कोई सरदार मस्त,
कोई बाजारों में कोई गाँव गाँव मस्त है॥
कोई मन ही में मस्त कोई धन ही में मस्त,
कोई विषयन में मस्त, प्रेम मस्त कोई है।
कै 'निपट निरंजन', सुनो आलमगीर,
कोई काहु में मस्त, हम तो या हू में मस्त है॥

(99)

फकीरी की नसीयत सुनो सुलतानी यह,
फकीरी की हुकूमत, फकीरी जहागीरी है।
बादशाहों या वजीर सर झुकता अमीर,
जो शहंशाह मानता, जाने हम भिकारी है ।।
आबेजम-जम प्याला, जामेजम शेद आला,
खुदा से मिले मौला चष्म से खुमारी है ।
कै 'निपट निरंजन', सुनो आलमगीर,
खुदा से जनाबे यारी ये हमारी फकीरी है ।।

(100)

ज्वालामुखी देवी की परिक्षातें न लिया शहा,
मुख से अखंड ज्वाला, सतत निकलती है।
ज्वाला बंद होने हित जो समज ढानी व्यर्थ,
देवी देव यज्ञ तीर्थ, मिथ्याकुल परस्थि है ।।
तैने जो उपाय किया लहि का तव्वा जडाया,
देखा जहाँ तहाँ कोढा ज्वाला तो धधकती है ।
कै 'निपट निरंजन', सुनो आलमगीर,
आज माया देव पीर क्या फकीर की हस्ती है ।।

(101)

माता का उपदेश भया, हमने फकीरी लिया,
शहर को छोड के जंगल मन भाई है ।
राखे ना छेदाम पास, जपना अलख नाम,
ए नाले में चारों धाम, गोकुल दिखाई है ।।
नैनों में नमाज रूजू, आँसुओं का करे वजू,
आहों का कलमा भजू जो पाइसो छुपाई है ।
कै 'निपट निरंजन', सुनो आलमगीर,
पहाड सिंग पुरे में अजीब पादशाई है ।।

(102)

देखा लकीर फकीर चाह ना छूटी अखीर,
मान बडाई देखा मानो, किस्मत फूटी है।
सेवा पूँजी करे खोटी मक्कारी फरेबी झूठी,
जिसकी लंगोटी छुटि साधन सो खोटी है॥
चेटक चाटक मंत्र अष्ट सिद्धियों का तंत्र,
इन्द्रजाल का है मंत्र किमीया की बूटी है।
कै 'निपट निरंजन', सुनो आलमगीर,
ऐसे फकीर शाह् गदाओं को लूटी है॥

(103)

तेरे हाथी घोडे सज्ज, सिपहसालार फौज,
ढोल नगारे साज शत्रु पे चड़ाई है।
मन इन्द्रि हाथी घोड़े, वृत्तियों की सेना दौड़े,
अनहद ढोल बड़े, संघर्ष लुटाई है॥
तेरे वजीर है साथ, ढाल तलवार हाथ,
वैराग वजीर ज्ञात काम क्रोध की लडाई है।
कै 'निपट निरंजन', सुनो आलमगीर,
फकीरों की झोली मे तो सारी पादशाही है॥

(104)

फकीरों की खुद मस्ती, उनकी निराली बस्ती,
मदहोश किये हस्ती महंगी और सस्ती है।
भगवा तिलक केश न माला भभूति भेष,
नमाज रोजा पूजा ना कोई बुत परस्ती है॥
हुवा जब अस्ल से वस्ल का दिवाना फकीर,
बे खुद खुदी में खोया, ऐसी खुद परस्ती है।
कै 'निपट निरंजन' सुनो आलमगीर,
फकीरों के नजरो में नूर ही बरस्ती है॥

(105)

हम आशिक फकीर जानो पिरन के पीर,
साया है उसी का जो जल्वे ये जहूर है।
अहम फहम ख्याल, खजाना है मालोमाल,
मुरशद के हाल काल हाजीर हुजूर है॥
अक्ल का ये ही शहूर, इश्क में हो चूर चूर,
इश्क का चड़ा शहूर जहाँ तहाँ नूर है।
कै 'निपट निरंजन, सुनो आलमगीर,
देख ले कलेजा चोर, कैसे हम फकीर है॥

(106)

फकीर थे शुक मुनि झुके थे जनक ग्यानी,
महादेव भोलेनाथ भिक्षा के भंडारी है।
वामन बने फकीर भिक्षा ली बली के दाट,
नवनाथ गुरुदत्त अलख उच्चारी है॥
सूफी सरमद और मनसूर सूली चड़े,
फकीरों का सोटा लगे, शहंशाह लाचारी है।
कै 'निपट निरंजन', सुनो आलमगीर,
फकीरी खुदा को प्यारी, अमीरी गरूरी है॥

(107)

कोउतो खजाने हेत बनावत तलघर,
कोउतो महल राज दरबान देवड़ी।
पाकशाला, धर्मशाला किल्ले बनावे आला,
कोऊ बागऔ बगीचा केल खेती बड़ी है॥
कोउ मसजीद दर्गा मंदिर बाँधत दुर्गा,
कोउ तो समाधि बाँधे मसाज में खोपड़ी।
कै 'निपट निरंजन', सुनो आलमगीर,
... ... ॥

(108)

अलीफ में मै अल्ला देखा, बैतलमें बिस्मील्ला सिखा,
नूर का जहूर देखा मुर्शदे की बात है।
मसजित में राम देखा, मंदीर में रहीम देखा,
शेख सुन्नी देखा, शर्यत कुरापात है।।
बुतों कुरान सिखा, पुरान काबे से सिखा,
दीन से हुवा बेदीन, वो खुदा की जात है।
कै 'निपट निरंजन', खस खस दाने बीच,
खुदका शहर बसा अर्श कायनात है।।

(109)

कहाँ तेरो तक्त ताज, कहाँ पे मोगल राज,
कहाँ पर महल कहाँ पर अटारी है।
कहाँ तेरो फौज फाटा, कहाँ पे खजाना झूटा,
कहाँ दिल्ली शहंशाही, हाथी पे सवारी है।।
कहाँ तेरे किल्ले ठाणे, कहाँ तेरे तोफखाने,
कहाँ पे जनाने म्याने कहाँ दरबारी है।
कै 'निपट निरंजन', सुनो आलमगीर,
कहाँ पर रहना है, कहाँ की तैयारी है।।

(110)

सुन मुन बुक मुन को हो हाले मंजील,
आरीफों की महफिल मुस्तकिल पाना है।
गुरु निपट का अंजन, कल्ब करे रोशन,
आकिलों के मकतब ऐसा भी दिवाना है।।
जैसे खर पर लादे चंदन को बोझा दिये,
मौलवी पंडित थकै गुरु बिन ग्याना है।
कै 'निपट निरंजन', सुनो आलमगीर,
खुदही को ही नहीं जाना, वो ब्रह्म क्या जाना है।।

(111)

दिल्ली पाये तक्त शहंशाही का है दौरे वक्त,
खजाने भरे हैं फक्त रियाया की दौलत है।
शाहि जिंदगी में करे, जुल्म और जिहालत,
खुदा की मेहर आगे सूनी अदालत है।।
शहा को वो गदा करे, किन पर नाज करे,
फकीरों के आगे शाही कौड़ी की किमत है।
कहे 'निपट निरंजन', सुनो आलमगीर,
रूहानी ताकत आगे झुके हुकूमत है।।

(112)

हफ्से दमकुंडली से नहीं हमें फुरसत,
दिले दीद रोशनी की नज्में तंग गल्ली है।
उल्फ के कुये जाना खयाले मक्का-मदिना,
सुरतें जबांका जहाँ रौनक तज्जली है।।
कोर चष्मी से मुझको मुजरत मसरत,
फना औ बका का पता मिली गुरु किल्ली है।
कै 'निपट निरंजन', सुनो आलमगीर,
उम्मीदे वस्ल में रहे ये ही हमारी दिल्ली है।।

(113)

शाही अरजी पर ही कहीं हमारी भी मर्जी,
होगा कोइ और मंजि दिल्ली दरबार का।
अदालत इश्क में खाक दामनगीर फिरे,
खिज्र बिना रास्ता क्या पत्ता आलमगीर का।।
सुनलो कान देकर वजीरे हजरत,
दर्द कैसा क्या लज्जत ज़ख्मे जिगर का।
कै 'निपट निरंजन', सुनो आलमगीर,
आके मौज लेये यहाँ ब्रह्म निराकार का।।

(114)

महलों के फानूस नहीं कुटि फलंस फूसनही,
शाल मखमलन ही गोदड़ी संभाली है।
रक्षक लाखो जबान यहाँ रखवाले खान,
बिरयानी पुलाब नहीं निमकी निंबोली है ।।
सोना चांदि अशरफीयाँ भरे हैं खजाने मियाँ,
मन सब जहागीर जंगल हरी थाली है।
कै 'निपट निरंजन', सुनो आलमगीर,
आलमगीर शहनशाही फकीरों की झोली है ।।

निरंजन-वजीर का संवाद

दोहे

वजीर — नज़राना यह दे रहे जंगल के तकदीर।
साहेब की मर्जि बने, लौटे आलमगीर ॥1॥

निरंजन — नजर बंद नूरे नजर दानिश बंद फकीर।
खुद जनाबे बारी है, बदन हाक अकसीर ॥2॥

वजीर — समान ऐसा फिर मिले, लेलो मन सब धीर।
साहेब की मर्जि रही, ख़ुष है आलमगीर ॥3॥

निरंजन — करनी करे करार से, मन नहीं जब तक धीर।
साहेब हमारे पास है, निपट ही आलमगीर ॥4॥

वजीर — उंट लदे लौ अर्शफि मन सब लो जहागीर।
कई फकीर को देनगी, दाता आलमगीर ॥5॥

निरंजन — अश्कों की है अर्शफि, ज़िकरों की जहागीर।
मन-मनसब है निपट के भरे खजाने फकीर ॥6॥

वजीर — आलमगीर ने दे दिये, बहुतों को जहागीर।
मनसब लिख देंगे अभी अरज करे है वजीर ॥7॥

निरंजन — आलमगीर क्या देत है आलम को जहागीर।
चर्पट का पंजा यहाँ दूजा देख फकीर ॥8॥

वजीर — औरंग के ही नाम से, बसा औरंगाबाद।
जो कुछ माँगे सो मिले, जंगल हो आबाद ॥9॥

निरंजन	फकीरों का जो रंग है, कभी न हो बरबाद।
निपट बिलायत देस के जो माँगे मइसाद ॥10॥

वजीर	जब तक मोगल राज है, सनद होयना खंड।
शहन शाह औरंग का, लेखा रहे अखंड ॥11॥

निरंजन	जब से शृष्टी रची है, हो गये राज प्रचंड।
फकीर राज नौखंड में, निपट राज अखंड ॥12॥

वजीर	राजा के आश्रीत हो, राज गुरु कहलात।
भिक्षा माँगन ना पडे ना भूके रहजात ॥13॥

निरंजन	भिक्षा माँगे मधुकरी क्या इन्द्रपुरी का राजा।
रिद्धी सिद्धि से पूर्ण है, निपट गुरु महाराज ॥14॥

वजीर	कहना था सो कह दिया, शाह का फरमान।
कुटी पर गंगा बही, कर लेना था स्नान ॥15॥

निरंजन	बादशाहि छोड़ दे, फकीरों का सुन ग्यान।
निपट सब ही निपट के, करे जगत कल्याण ॥16॥

वजीर	देने वाला दे रहा, लेने से क्यों भूला।
ऐसा समा न फिर मिले, बने न हो अनुकूल ॥17॥

निरंजन	फकीर का ये मंत्र ले, मंत्री मंत्र न भूल।
भरे खजाने राज के, जानत है हम धूल ॥18॥

वजीर	आलम का है बादशाह आलम का है नाज।
सारे मुल्क फते कर अखंड करे है राज ॥19॥

निरंजन	आलम में जालीम हो मठ को करे नाकूट।
भरे खजाने साहेब के जो यावे सो लूट ॥20॥

वजीर	वसीहत हो महाराज की, शहंशाह फरमान।
ऐसा औसर जो मिला, फिर न मिले ये ग्यान ॥21॥

नसीहतनामा

अफसोस भरी जिंदगी कि सुनलो हालत।
पापी को पाप पर ही आती है खिजालत।।1।।

कैदी की तरह उमर करे जो हो मोह के बस में।
पाबंद किया लोभ ने, बे दाना कफस में।।2।।

हर एक घड़ी गुज़रे जो दुनिया की हवस में।
एक दिन भी नहीं जिक्रे महबूबे तरस में।।3।।

एक वक्त का तोसा नहीं औ शिर पे सफ़र है।
पापों का बहुत बोझ है शिकस्ता कमर है।।4।।

हो पिया के कदमों में लगाव लब हो इतना।
कुछ और नहीं चाह हो बस जान लो इतना।।5।।

जिस दम सभी उम्मीदों का एक ही हो यास।
सब दूर हो सरकार वो सरकार हो पास।।6।।

फैली हुवी इस रूह की मुश्क सी बू बास।
उस गैब की कानों में, आवाज की हो रास।।7।।

हो जाय फना पाके जो इतना सा सहारा।
जब जहाँ कहीं देखे तो, जल्वों का नज़ारा।।8।।

दम लब पे हो सीने में तसब्बर सबेरा।
मिटकर भी जुदाई न हो आशक को गवारा।।9।।

जो खाक सारी में खाके कफे पैदा की।
उस मिट्टी पर मिटे फिरतो जन्नत में तोबा की।।10।।

रोशन है कि यह सिजदगहे अहले यकी है।
जो जरी है या ख़ात में कुदरत की नगी है ॥11॥

उठा है यही आके काषे रुखे तोहीद।
हर वक्त नज़र आयगा या जलवये जाबीद ॥12॥

जो खाक में यहाँ मिल गये किस्मत है उन्हीं की।
जो मिट गये हैं आ के हकिकत है उन्हीं की ॥13॥

गलियों में जो बे खुद फिरे ज़िलत है उन्हीं की।
जो दिल को यूँ लुटाते हैं दौलत है उन्हीं की ॥14॥

यूँ ताज शाहि पर भी कभी हाथ ना मारो।
दुनिया का मिले तक्त तो उसे लात ही मारो ॥15॥

करतारे कुल दुनिया बस ये ही मारेफत है।
हो जाय क्लब रौशन बस ये ही इबादत है ॥16॥

क्या रूहे तज्जलिकी खूबी व लताफत है।
वह नजर ही निराली नज़रों की जो ताकत है ॥17॥

देखे जो उसे एक बार फिर और क्या देखे।
इस देखने में जो मजा उस आँख से देखे ॥18॥

न हो चाह शहनशा की दुई पर्दा उबाओ।
तू मैं में जो बिगडी है उस बिगडी को बनाओ ॥19॥

ए फकीरी नसीहत है, तकदीर बना लो।
बाकी जो बची उम्र सही राह लगा लो ॥20॥

नक्शे कफे पा फूक निकलने को तो मिल जाय।
अपनी खुदी खुदाई में जलने को तो मिल जाय ॥21॥

देखो तो खुदाइ की करामात भी क्या है।
देखो 'निपट' मुर्शद के मै खाने में क्या है ॥22॥

फकीर चालीसा

बदशाहे आठ-दस दिन के सत्संग में बड़े प्रभावित हुवे। वजीर से कहे महाराज को नज़राना तोहफा भेंट करो। तब वजीर ने नज़राने में जवाहीर अशरफी भेंट करने लगे तब महाराज निपट जी कहे हम फकीरों को भेंट नहीं चाहिए। तब निपट जी फकीरी पर **40** दोहे सुनाए—

मन मारे तन बस करे साधे निपट शरीर।
फिकर फारी कफनी करे, ताको नाम फकीर ॥1॥

फफा से फाका करे, कका कीना कीर।
ररा से रीयाज़ करे ताका नाम फकीर ॥2॥

निपट फिकर खा गया, फिकर सब काफीर।
फिकर की काफी करे, ताका नाम फकीर ॥3॥

पेट समाता अन्न है, देह समाता अन्न।
अधिक संग्रही ना बने, ताका नाम फकीर ॥4॥

क्षमाशील शांती निपट दरदबंद पर पीर।
सरल चित्त भजन करे, ताका नाम फकीर ॥5॥

फकीर में जो फक हो, फक्र निपट दी चीर।
फक्र न हो हर ज़िक्र हो ताका नाम फकीर ॥6॥

निपट भेष फकीर का जाने ना परपीर।
हृदय चीर प्रभु कोलह्यो, ताका नाम फकीर ॥7॥

फक्र कौना त्याग दे, दो त्यागे दो लाद।
चार अक्षर फकीर में, राखे हरदम याद ॥8॥

सो जोगी ध्यान तपी, तजे जगत उपहास।
अलख राम को लखे, सोही निपट है खास ॥9॥

द्वैत न राखे मन कभी क्या गरीब अमीर।
निपट एक ही ब्रह्म लखे, ताका नाम फकीर ॥10॥

कोऊ वंदे नींदे कोउ, काटे कोई शरीर।
निपट अमर आत्मा, ताका नाम फकीर ॥11॥

जो स्वांसा खाली गया, सोजाने काफीर।
स्वांस स्वांस सोह जपे, ताका नाम फकीर ॥12॥

कर भिक्षा तरुवास है, पीवे ओंझल नीर।
निपट अतीथी जान ले, ताका नाम फकीर ॥13॥

चाह नहीं चिंता नहीं, निपट रहत गंभीर।
खुद मस्ती में मस्त जो, ताका नाम फकीर ॥14॥

फिकर फक्त दिल दार का, निपट सोही तकदीर।
शाहों का भी शाह है, ताका नाम फकीर ॥15॥

मैं मेरी को मार दे, संकट में हो धीर।
निपट जीवन जो करे, ताका नाम फकीर ॥16॥

निपट ज्यों मोला रखे, सुखदुख सहे शरीर।
समाधान सब हाल में, ताका नाम फकीर ॥17॥

बहता भला सो नीर है, रमता भला फकीर।
बुरा भला सब निपट ले, ताका नाम फकीर ॥18॥

झोली गले हो भक्ति की, प्याला नेत्र हौ कीर।
निपट प्रेम कंठा गले, ताका नाम फकीर ॥19॥

तीन भूल खांदे धरे, बाँधे कफन शरीर।
ढूँढे निपट अलख को, ताका नाम फकीर ॥20॥

निर्मोही निरंजना, लगे न भूक पीयास।
सो अलमस्त फकीर है निपट फिरत उदास ॥21॥

रोना धोना कछु नहीं दर्दों की जहागीर।
निपट इस्ती मस्ती में ताका नाम फकीर ॥22॥

होंठों में तो आह हो, आँखों बहता नीर।
निपट तलाशे हक्क हो ताका नाम फकीर ॥23॥

दिल में हो दिलदार की, जात पाक तसवीर।
निपट आशक इश्क हो, ताका नाम फकीर ॥24॥

दश्तो सहारा मस्तक, हिज्र बहता नीर।
निपट सर गर्दा फिरे, ताका नाम फकीर ॥25॥

तन वतन बनायके, आलम आलमगीर।
निपट प्यासा पीव का, ताका नाम फकीर ॥26॥

ज़मी तबक आसमा सैर करे फकीर।
भेद आशिक का निपट, जाने एक फकीर ॥27॥

राजा हो या रंक हो, मनसब हो जहागीर।
फकीर को तो हेच है, ताका नाम फकीर ॥28॥

संतत ब्रह्म तरंग में मन बिचार हो स्थीर।
देखे ब्रह्म स्वरूप जग, ताका नाम फकीर ॥29॥

समाधान जो कुछ मिले, कभी न हो दिलगीर।
कल की संग्रह ना करे, ताका नाम फकीर ॥30॥

भला बुरा जो कुछ कहे, सह लेना गंभीर।
काहू का बैरी नहीं, ताका नाम फकीर ॥31॥

फकीर उसे ही जानीये, सुख दुख सहे शरीर।
मैं मेरी को मार दे सौ पीरन का पीर ॥32॥

फकीर फिरे अलमस्त में, नहीं देह का भान।
त्यागे जग रस भोग को, निपट न हो अभिमान ॥33॥

ब्रह्म प्रकाश में भेकली, नाम मेखला चीर।
अनहद में आलख को सांचा निपट फकीर ॥34॥

द्रष्टी अचल अस्थीर कर थिर आसन मति धीर।
चमका नूर जहूर का, निरखे निपट फकीर ॥35॥

अलख खलक को लख ले अजपा जाप महीर।
....॥36॥

मोहनदी को पार कर पाप पुन्य दोउ तीर।
गुरु गये समुद्र में, न्हावे निपट फकीर ॥37॥

मन मतंग मत वार के, जप अंकुस से जीर।
राग द्वेष को भस्म कर निर्मल निपट फकीर ॥38॥

त्रिकुटी में धूनी तपे, अनुभव भस्म शरीर।
अनहद अलख निरंजना, सो हम निपट फकीर ॥39॥

चरपट ने चट पट किया, मूंढ़ा निपट फकीर।
घर घर में दिखला दिया, पीयो प्याला क्षीर ॥40॥

पाठ करे ये चालीसा, जाने सो ही फकीर।
ऐसा होय फकीर जो, जानो आलमगीर ॥41॥

बाबा के प्रति आलमगीर के उद्गार

नज़राना—तोहफे पर

खोजा नहीं आया तूने, भेजा तैने ऐसा तोफा
क्या अजाब क्या सबाब, पीता जो शराब है।
आपको जो सोक्त करे गैर को लज्जत भरे,
जिंदगी शबाब में मजा ले कबाब है।।
साकिए कौसर मिले, बहरे बहदत हो ले,
दीन दुनिया से मिले, फूल ये गुलाब है।
कै 'निपट निरंजन', सुनो आलमगीर,
होश ओ हवाश ताबा तोहफे का जवाब है ।।1।।

बाबा की निस्पृहता पर आलमगीर आश्चर्य से बहुत ही चकित हो गया। कई तरह से उसने बाबा की परीक्षा ली और उसने चेले निरंजन को भी गुरु भक्ति में अटल और उनके वचन के अनुसार योग्य देखा। मठ भी नहीं चाहते। झोंपड़ी में ही रहना उन्हें पसन्द है। दिल्ली चलने को कहा, उन्होंने मारेफत बानी में निराली दिल्ली कही। इन सब का सत्संग में जब अनुभव लिया तब बादशाह आलमगीर के जो उद्गार निकले वे इस प्रकार हैं—

इस तरह आखिर हुआ निपट बाबा का ज़हूर।
मारेफत नसीहत उतरा ज़र्रा से रब्बे गफूर।।
उठ गया ज़ुल्मत का डेरा पाया हर सित्मे नूर।
आज दुनिया मुन्तज़र थी आफताबे दूर दूर।।
फिर यहाँ रौशन हुआ, तौहीद महाराष्ट्र से।
हिन्द को एक गुरु कामिल ने जगाया ख्वाब से।।

कलाम क्या है? आरीफाना मस्ती की।
सिरे पयाम से रौशन बुलन्द हस्ती की।।
मिली है खाक पैकर को रूहे इश्क शनासाई।
मुबरक वहदत परस्ती सलाम रूहे दानाई।।
कदम बोसी पीरे मुरशद दुवाये खैर खादीम पर।
इनायत की नज़र बाबा रहम हो खाकसारी पर।।2।।

।। दोहा ।।

शाह दस्त दोउ जोड के, कर सलाम सर टेक।
कहे निपट अपनी नजर, लखियो अगम अलेख।।3।।

नमाज़ रोज़ा खोजा क्या, मक्का हज्ज तमाम।
निपट घट में खुदा बसे, नित उठ करे सलाम।।4।।

अलीफनामा

महाराज के इन जलाली वाक्यों से निस्तब्ध होकर एक विनय चलती बार करने की मन में तीव्र उत्कण्ठा होने से, औरंगजेब ने महाराज से कहा—मैं आपसे—'अलीफनामा' सुनने की ख्वाहिश ज़ाहीर करता हूँ, मुझ पर इनायत हो। कलाम दस्तयाब हो—

अलीफ, अल्ला अलख है, घर घर लखे जो एक।
अल्ला से कोइ अलग नहीं, क्या बामन क्या शेक ।।1।।

बे-से बिस्मिल्लाह है, बहके ना कहीं दूर।
बस्ती जंगल क्या फिरे बैठा घट में हजूर ।।2।।

ते-से त्रिभुवन छान ले, महिमा अगम अपार।
सतगुर विन भूला फिरे, लच्छ अलच्छ निहार ।।3।।

से-सेवक महबूब के, तब आसिक कहलाय।
सादिक खालिक समझ ले, सही राह से जाय ।।4।।

जीम-जिम्मे है तेरे, जिन्दा मुर्दा बन।
जिंदगी में दो ज़हर, वासना अर मन ।।5।।

हे-हयात हक्क को समझ, नाहक भरम न धार।
अनासक्त से कर्म कर, तब होवे निरधार ।।6।।

खै-खेल खेला सभी, माया का परपंच।
दृष्टा दृष्टि समष्टि में, बने स्वयं सरपंच ।।7।।

दाल-दिल दल्लाल की, हक्क हलाल का पाठ।
कपट दंभ पाखंड का दिल की खोले गाँठ ॥8॥

ज़ाल-जिकर की माला में, साँस साँस का ख्याल।
जाहीर बातीन जो बने, काल हो या हाल ॥9॥

रे-रियाज की राह में मिलें सहज महबूब।
आशिक सो हर रंग में, जाने पिय को खूब ॥10॥

ज़े-जहान में रम रहो, नूर भरा भरपूर।
निपट घट के पट खुले, क्यों जोवे कोहेनूर ॥11॥

सीन-सीन संसार का, लंदे फंदे नाही।
हो जिन्दा दरवेश तू, निरंकार के राही ॥12॥

शीन-शीन सबही गया, साहेब को लो खोज।
घट अंधियारा मिट गया, गुरु घर की है मौज ॥13॥

स्वाद-साधना सद गया जो अनुभव में आय।
ताला कुंजी मिल गई, निपट गुरु से पाय ॥14॥

ज़्वाद-से जाहिद जो बने, बने न एको काम।
निपट न लागी चटपटी, कैसे मिले है राम ॥15॥

तोय-तौकीर तलब का उंचे महल के ठाँव।
उनमनी सेज सुंदर बिछी, निपट चले उस गाँव ॥16॥

ज़ोय-जो दिसत सब फना, सब ही चकना चूर।
निपट निकट ही परख ले, कहत सुनन को दूर ॥17॥

अैन-अैनूल यकीन कर आलख अलख की भेख।
अनुभव अकथ अगाध का, गुरमुख होके देख ॥18॥

गैन-गाफ़िल मत रहे, ग्यान गुरु घर लेय।
सुरत निरत की गम नहीं, निपट अटपट सोय ॥19॥

फे-फेरे चूके सभी, जन्म मरन से छूट।
दृढ़ निश्चय हरि को भजै, निपट ये सस्ती लूट ।।20।।

काफ-कुरान शरीफ की पारे हो मुह पाट।
काजी मुल्ला हाफिजा, गये न पीय के घाट ।।21।।

काफ़-खवाब में मत रहे तजे झूठ की आस।
सत का तू एकरार कर निपट पीय है पास ।।22।।

लाम-लाहूत शिखर पर अनहद बाजे तूर।
निपट दिव्य दृष्टि तहाँ पावै दरश हजूर ।।23।।

मीम-मीनसा उलट हो पौंचे विहंगम चाल।
सद्गुरु सुरती दृढ़ करी, निपट हौस निहाल ।।24।।

नू-नूकते का ध्यान धर सहज समाधि जाय।
निपट निरंजन ज्योति की निज स्वरूप दरम्यान ।।25।।

वाव-वाहीद होतही, पुन्न भवन में जाय।
बाहर भितर जगमगे, दृष्टि समष्टि पास ।।26।।

हे-हद बेहद सम रह, विषय अग्नि जरी जाय।
निपट अलख प्रकाश की नूर ज़हर झलकाय ।।27।।

लाम-अलीफ के निकंट ही, चित चितवन में स्थीर।
निपट द्वैत दुबिधा तजै, मस्त फिरत फकीर ।।28।।

हमजा-हम अरु तुम नहीं, भेदभाव फटकार।
निपट निरंजन को लखै तहाँ न कोइ विकार ।।29।।

ये-ये कही ब्रह्म है, नहीं पाप तहाँ पुन्न।
निपट नाम निरच्छरा अच्छर तीस ही सुन्न ।।30।।

तीसही दोहों में कथा अलीफ ये तक पाठ।
ये अलीफ-नामा निपट, शाह ब्रह्म का घाट ।।

निपट निरंजन की (उपदेशात्मक) आध्यात्मिक बानी

श्री गणेश वंदना

(1)

आनंद के कन्द जग वंदन शिव के पुत्र
गौरी के नन्दन धूपेंद के नाम लीजिए।
विघन के हरन शुभ करन तारन तरन,
जानो यही चरन जुग-जुग जीजिए।।
देव दरबार गजराज सौ सुभ भवन,
सिद्ध के काजकर नव निधी दीजिए।
कै निपट निरंजन, सीस में सिंदूर जाके,
सो गणेश के सुमिरन निसदिन कीजिए।।

(2)

बुद्धि के गणेश और रिद्धि-सिद्धि के विधाता,
चतुराई की भवानी जोग कुगोरख सी।
ग्यान को तो रुद्र वैराग हू को रामचंद्र,
भोग करन कन्हाई सब रोग निपसी।।
दान को बली और ध्यान को ध्रुव जैसे,
सत को धर्मराज धन्वन्तर हकीम सी।
कै निपट निरंजन, साधे स्वारथ जन,
सोने को कुंभकरन भोजन को भिमसी।।

गुरु-वंदना

(3)

जय जय जय गुरु सिद्ध चर्पटनाथ,
चरण वंदन माथ शरण में लीजिए।
जीव ब्रह्म का जो भेद, दिखाय दियो अभेद,
बिना गुरु कोरे वेद पुराणों को पूजिए।।
चाहे चारों धाम जावे, अड़सठ तिरथ न्हाये,
गुरु प्याला नहीं पिवे चाहे आमृत पीजिए।
निपट के घट पट खोल दिनो चटपट,
धन्य गुरु चटपट आसीस हू दीजिए।।

(4)

काया हू को जाने अरु माया हू को जाने नहीं,
मुक्ति भक्ति जाने अरु भुक्ति तात मात है।
राग अरु द्वेष जाने असक्त, विरक्त जाने,
जाने जती तपी योगी खात ब्रीच्छ पात है।।
सदाचारी ब्रह्मचारी वेदान्त वेदचारी,
जानै गिरी पुरीधरी डिगंबर जात है।
जानत निपट चट खोलिबे को घटपट,
सो गुरु चरन रट, चरपट नाथ है।।

आलमगीर के प्रश्न—निपट बाबा के उत्तर

(5)

आने की है बाट कौन जाने का है घाट कौन,
ब्रह्म का कपाट कौन कौन कहाँ से आया है ?
जीव कौन शिव कौन शिव का स्वरूप कौन,
कौन भरमाया, कौन कौन में समाया है।।
नाद छंद लागे कौन, माया कौन ब्रह्म कौन,
जनम क्यों पाया क्या खट करम जाया है।
कै निपट निरंजन ए कैसा भव भंजन,
इतना नहीं जाना, क्या झक मारन नरदेह पाया है।।

(6)

आने का है घाट एक जाने का है घाट एक,
ब्रह्म का कपाट एक जीव वहाँ से आया है।
जीव एक शिव एक, शिव का स्वरूप एक,
आपी भरमाया आप आपमें समाया है।।
नाद छंद लागे एक माया एक ब्रह्म एक,
एक में अनेक एक एक में समाया है।
कै निपट निरंजन मिथ्या जग उलझन,
ये ही बात बूझन नर देह पाया है।।

(7)

ब्रह्म पिता है कौन, माया की माता कौन,
खाता कौन पिता कौन, कहां वा को घर है।
निर्गुन की जात कौन सगुन की गोत कौन,
ज्योतिन का ज्योत कौन, कौन परात्पर है।।
सिद्धन का वेद कौन, योगियों का नाद कौन,
वेदन का भेद कौन शस्त्र क्या अधार है।
कै निपट निरंजन गुरु का न जाना घर,
स्वर है कि नर या सूकर कूकर है।।

(8)

क्षेत्र-गोत्र पुत्र पौत्र माता है न पिता कोई,
अहं खावे भक्ति पीवे न कोइ वाको घर है।
अनंग है असंग है, अभंग है अरंग है।
सब घटव्यापक एक परात्पर है।।
न काया है न माया है छाया है न आया गया,
नेती नेती वेद कहे वो तो तिर्थ ये रहै।
न पास है न दूर 'निपट' हाजीर हजूर
असंग है अनंग है अभंग भरपूर है।।

(9)

जागते नयन कौन, सुनते श्रवन कौन,
विनास का निवास कौन भोर भके कौन है।
पाप कौन पुन्य कौन मुवे कौन रोवे कौन,
उंच और नीच कौन, जागे सोवे कौन है।।
दूर औ नगीच कौन ब्रह्म का बीज कौन,
आया सो प्रथम कौन जीवत मरे कौन है।
निपट में बसे कौन, रूप में विचार कौन,
एक में अनेक कौन अनेक में कौन है।।

(10)

जागते नयन आप, सुनते श्रवन आप,
अखिलेश अलिप्त आप भौर भके सोई है।
पाप नहीं पुन्न नहिं मुवे ना रोवे कोइ,
उंचनीच दुख नहीं जागे सोवै ठांई है।।
दूर और नगीच पास ब्रह्म बीज सोइ खास,
आदि माया का बिलास, जग रचवाई है।
निपट में बसे आप, सोहं बिचार रूप,
एक में अनेक सोइ अनेक में वो ही है।।

(11)

बैठा ऐसा बैठा नहीं खड़ा ऐसा खड़ा नहीं,
गया ऐसा गया नहीं, आया ऐसा आया कौन ?
करा ऐसा करा नहीं, तरा ऐसा तरा नहीं,
खाया ऐसा खाया नहीं पिया ऐसा पिया कौन ?
देखा ऐसा देखा नहीं सुना ऐसा सुना नहीं,
जिया ऐसा जिया नहीं सोया ऐसा सोया कौन ?
चला ऐसा चला नहीं निपट निपटा नहीं,
दिया ऐसा दिया नहीं, लिया ऐसा लिया कौन ?

(18)

नैना है पै रैन अंधारा श्रवन होय के भैरा,
जोगी हो जुगत हारा समाधिन पाई है।
बस्ती है मंदिल सूना त्रीया न पुरुष चीना,
पुरुष न बाँह जाना कहाँ से वर्ण आई है॥
पेट है न अन्न खाई जीव ना जीवन भाई,
जिब्या होके जपे नहिं शब्द का समाई है।
कहे निपट निरंजन कहो पंडित जन,
निरंकार ठाँव कहाँ गाव बतलाई है॥

(19)

करता को रूप धारी, पुरुष हतां की नारी,
अकाश हता संसारी गृही या बैरागी है।
सुखी है की दुखी भाई देही या विदेही पाई,
निरगुन गुण ढाई संजोगी वियोगी है॥
ब्रह्मा विष्णु महेश्वर तीनों में से कौन नर,
कहाँ शून्य से अक्षर वेद को पढाई है।
मैं निपट निरंजन करता को अस्थान,
एता जो जानत नाहीं सो बड़ो अभागी है॥

(20)

छीन बहू रूप धारी छीन में पुरुष नारी,
छीन में तरुल भये जोगी भोगी त्यागी है।
छीन सूक्ष्म अस्थूल, जग देख रहे भूल,
छीन स्थिर चंचल रागी अनुरागी है॥
छीन तीनों ईश्वर, न्यारे न्यारे रूप धर,
एक शब्द ओंकार वेद भी अभागी है।
कै निपट अवधूत, रूप लगै ठग जात,
छिन में गुरु लखात वाको बड़भागी है॥

(21)

सपने में सती जती मुनि राव रंक सब,
सपने में चार दस लोकन फिरत है।
सपने में मेरो तात मात भ्रात नारी सुत
मेरे वह धाम ग्राम नाम यों कहत है॥
सपने में भव समुद्र भंवर बीच फिरे,
तैरत थकत पुनि बुड़त तरत है।
जागे बिन जाने नाहीं आपहि निपट भयो,
आपहिते निरसत आपहि डूबत है॥

(22)

कभी सिद्ध आसन है, सोह को स्वांस कभी,
कभी करतल भिक्षा तरुतल बिहार है।
कभी शत खंडवती गोदरी को ओढे जाति,
कंबर को कबहू दिगंबर को धार है॥
कभी भानु कर तपे जल बीच जपतप,
कहीं सतकार होत कहीं तिरस्कार है।
कै निपट निरंजन सुख दुख होत मन,
आतमा असंग लखी देह को विकार है॥

(23)

जीवन ए समुद्र है नानारत्न भरे पडे,
अथाह सिंधु गहराई बिंदु समायो है।
स्थूल सूक्ष्म कारण महा कारण तत्व मेरु,
सुर असुर प्रवृत्ति मंथन जमायो है॥
भीतर से चौदा रत्न साधन का करे यत्न,
अहं ब्रह्म अमरूत अमर बनायो है।
कै निपट निरंजन हो घाट ही में मंथन,
जो आतम रतन पायो उसने छुपायो है॥

(24)

स्वांस को खींचेंगे जब, सोहं ध्यान धरे तब,
बांहेर निकाले ध्वनी, हम ही की धारिये।
सूक्ष्म कर्णेन्द्रिय से ध्यान को केन्द्रित करें,
नादयोग हंस योग हनाहतं उच्चारीये ।।
एक्कीस हजार छैसो दिन रात साँस चाले,
सोहें को जाप जपै आत्म अनुभव करिये।
अजपा तो जप से ही आत्म परमात्म एक,
निपट निरंजन जो सोहं सरी सारिये ।।

(25)

कहीं बैठा है तक्त कहीं देखा है खुष वक्त,
कहीं नरम कहीं सक्त कहीं गजी कहीं सेला है।
कहीं आशक में चूर कहीं भूसा कहीं नूर,
कहीं नार कहीं नूर कहीं दुर्बल अकेला है।।
कहीं गोपी कहीं कान्हा कहीं भिक्षु कहीं दाना,
कहीं जमी आस्माना कहीं दुल अलबेला है।
छोटे बडे साहेब के 'निपट' सीफत कहो,
है तो वो अकेला पर खूब खेला है।।

(26)

कहीं देखा है भगत कहीं फिरत विरक्त,
कहीं बद्ध कहिं मुक्त कहीं गुरु कहीं चेला है।
कहीं राजा कहीं रंक कहीं मोती कहीं शंख,
कहीं शून्य कहीं चैतन्य बन कहीं मेला है।।
कहीं ब्रह्म कहीं माया कहीं धूप कहीं छाया,
कहीं जागा कहीं सोया मजनु कहीं लैला है।
अजीब तेरी साहेबी, अजीब लिला निपट,
है तो एकेला मगर खूब खेल खेला है।।

(27)

तपी थे सो तप मरे जती चहुंदिस फिरे,
शराबी सहज तरै जो मुक्ति का द्वार है।
भक्त, तो भये भिकारी दुष्टे की संपती भारी,
मुक्त हो गया शिकारी आप भये शिकार है।।
नरक में नाती पड़े बैकुंठ तो हाथी चड़े,
दानी गिरगुट नृग मृग का उद्धार है।
बैरी को दियो पियूष इष्ट को अनिष्ट विष,
कहाँ तक कहे निपट अंधाधुंध दरबार है।।

(28)

सीता पाई दुख अरु पारबती वंध्यापन,
नृग पायो नरक और गनिका गती पाई है।
वेणु भयो सुखी हरिचंद्र पायो महादुखी,
बलि को पाताल स्वर्ग पूतना पठाई है।।
ईष पायो वीष विषधर पायो अमृत,
पांडुजू के पुत्रन को बन में पठाई है।
जब की सरकार में पोल को अचंबा कहाँ,
आदि हिसे सरकार पोल चलवाई है।।

(29)

भिलनी के जूठे बेर मित्र सजन कसाई,
छिपी औ नाउ नामा इनसो कहे मर्म है।
देखे रोहिदास चोखा नीचहु के घर जाय,
ग्वालन संग जिम्यो छत्रि कोए धर्म है।।
जैसेहु सेवक और तैसेहु स्वामी है दोउ,
इनकी कहा कहिये क्रियाहू न कर्म है।
कहत निपट अबतारन की ढील कहाँ,
जन्महू के बेशर्म कछु हमारी भी शर्म है।।

(30)

शबरी के बेर है न तंदूल सुदामा के,
शाक है विदुर का न गोपियों का घर है।
पद है न गजकौ न खंब प्रह्लाद को,
पारथ को रथ है न भीषम के शर है॥
न लोंगे कहाँ तक भूगोल ते खगोलौ ये,
कोटिन हमारे प्रभो पापों के शिखर है।
देखना निपटे कौ है प्रभुताई किस विध,
दिनानाथ लेते सुध या दीन में कसर है॥

(31)

एक बूंद मूत्र लागे वस्त्रको होत छत,
ऐसी विपरीत करतूत न बिचारी है।
ताको यह पिंड दीनो दिन होत प्रचंड,
शहा भयो भूप पादशाह या भिकारी है॥
आदि न पहचाने नारायण भयो चाहत,
अरे मन तेरो अग्यान कौन पार है।
निपट निरंजन के सुमरन को स्वारथ,
सब लग्यो सो रटन को बड़ो अहंकार है॥

(32)

कहाँ तक धन कमायेगा कुबेर सानी,
नाशवान शरीर के न साथ कछु आवेगा।
कहाँलो बनावे घर महल सा इन्द्रपुरी,
रावण सोने की लंका वो भी जल जायेगी॥
कहाँ तक आयुष पायेगा लोमष जैसे,
मन मनसुभे में मसान में समायगी।
कै 'निपट निरंजन', बिनाचित शुद्ध मन,
व्यर्थ बकवास ज्ञान स्वान कहलायेगी॥

(33)

चेत चेत चेत नर उमर जाय भरा भर,
जानता है सरासर काल आगे आ रहा।
कहता है मेरा-मेरा हो रहा निबेड़ा तेरा,
बिना ही परमारथ जनम वृथा खो रहा ।।
महिसासुर को मारे जरा सिंधु को पछारे,
रावणसा बली लंका में हाथ धो रहा।
कै 'निपट निरंजन', निपट लो बन्दन,
क्यों मन सुभ में म्हसान बासी हो रहा ।।

(34)

अभि तो भी चेत नर विशय धीक्कार कर,
नाच रंग ही में ना गमाओ देह काम को।
सुनता सुनाता बहु गुनता न रत्ती भर,
जाने की इच्छा राखे कैसे पर धाम को ।।
गई सो तो चले गई रही को तो राख बंदे,
मुफत तू जपी लेवे अनमोल नाम को।
'निपट निरंजन', भूला कहता है नहीं,
सुबह का भूला जो आ जावे शाम को ।।

(35)

ये मेरे मंदिर और ये मेरे महल मुल्क,
मेरे ये जहागिर मनसब खेती बाड़ी है।
ये मेरे सेवक गण दिन रात सेवा करे,
ये मेरी सेज की प्यारी सुंदर सी ठाड़ी है ।।
ये मेरे हाथी अंबारी दुनिया में मान भारी,
ये मेरे नाती गोती, पोती खिलाड़ी है।
कहे 'निपट निरंजन', सब मेरे मेरे कहे,
अंत के समय संग आवे नहीं काड़ी है ।।

(36)

आया था करार करके दुनिया में बंदगी का,
गंदगी में माया की निशा में क्यों तू सोता है।
खाता दुधभात नित पड़ेगा जमका हात,
चेतरे चेत नर खाये क्यों गोता है॥
जिनके बली करतार वो ही करे बेड़ा पार,
भव समुद्र है अपार कोउ नहीं आता है।
कहे 'निपट निरंजन', है गुरु के शरण,
मनुष्य का जनम क्या बार-बार होता है॥

(37)

जीवन है अल्प जामें जीव सात-पाँच करे,
करना भी जरूरी है क्या क्या कुछ कीजिए।
वेदन को अन्त नहीं पुराण का पार नहीं,
शास्त्र है अनंत चित्त कहाँ कहाँ दीजिए॥
निपट का पट नहीं सृष्टि का तट नहीं,
ब्रह्म का घूँघट नहीं काहे पर रिझीये।
लाखन की एक बात तुमको बताउँ भ्रात,
जन्म जो सुधारा चात, रामनाम लीजिए॥

(38)

सीस नीचे पग उँचे, फँसा था गर्भगाँठी में,
आया रोता पीता था दुध सोता था पाठी में।
रिंगन लागा अंगन में खाने लगा बाटी में,
फिर आया जबानी में फिरन लगा आटी में॥
जब आया जरठपन, काँपता है साठी में,
चित्त गया चाटी में और दिन गये खाटी में।
कहे 'निपट निरंजन', सुनो गँवार मन,
जनम खोय दिया तैंने यूँही सारी माटी में॥

(39)

आत्मनात्म विवेक नहीं बंद निवृत्त नहीं,
कर्मोपासना नहीं न राम नाम गायो है।
चित्त स्थिर नहीं मन पवन हाथ नहीं,
माया की निस्तार नहीं सदगुरु न पायो है॥
ज्ञान और विराग नहीं श्रद्धा और भक्ति नहीं,
जीवन की मुक्ति नहीं विषय निपटाया है।
कै 'निपट निरंजन', मानव देह धारण,
सूकर समान वृथा जनम गमायो है॥

(40)

घर छोड़े द्वार छोड़े सारा संसार छोड़े,
संकल्प के घोड़े दौड़े कहता उदास है।
जिब्या की सचोटी नहीं इन्द्रि की कसौटी नहीं,
झूठी मूठी लंगोटि में छोटी मोटी आस है॥
देखा देखी लिया जोग घटे काया बड़े रोग,
रामदास बता था तू काम का ही दास है।
कै 'निपट निरंजन', मन को तो भटकन,
षडरीपु दुर्जन को कहे क्या संन्यास है॥

(41)

राम जप कृष्ण जप कोइ तो भी नाम जप,
जपे जीवे शिव जो ना जपे नहीं राम तब।
परा से पश्यन्ती जप मध्यमा वैखरी जप,
जागत में जपे नहीं सपने में जपे कब॥
वेदशास्त्र भागवत कहे सारे साधु संत,
नर तन पाया अन्त भूला गर्भ कौल सब।
कै 'निपट निरंजन', नित भोजन भजन नहीं,
चारजने कंधे लिये जावे न जपेगा जब॥

(42)

कुरान पुरान पढ़े भागवत रामायण,
तीरथ बरत नेम और चारों धाम है।
मक्का औ मदिना पूजा नमाज औ रखा रोजा,
निपट कपट सूजा कैरो इसलाम जाने ।।
राम नाम जपना, पराया माल अपना,
लगन लुभावना तो जीवन का काम जाने।
बगल में छुरी और मुख जपै राम नाम,
उपर से खूब बनी अंदर की राम जाने ।।

(43)

जगत से हटकर ब्रह्म पद डटकर,
राम नाम रटकर लाखों तरे मुनियाँ।
वेदशास्त्र शोध कर आपसे विरोध कर,
आप ही को बोध कर कोउ नहीं सुनियाँ ।।
काम क्रोध दूर कर अहंकार चूर कर,
मैं मेरी को मार कर पार भये ज्ञानीयाँ।
कै 'निपट निरंजन', जीवन में मरन,
आप जो मेरे पीछे डूब गई दुनियाँ ।।

(44)

सीखे असलोक गीता, सीखे कबीत छंद,
ज्योतीष को सिखे जो मन रहे गरूरी में।
सीखे सब जन्त्र मन्त्र मन्त्रन को सिख लेत,
पिंगल पुराण सिखे भये बड़े रारी में।।
सिखी सब सौदागिरी बज्जाजी सराफी सिखी,
लाखन को हेर फेर करत अमीरी में।
कै 'निपट निरंजन', आपको न जाना शठ,
राम नाम नहीं पाठ सारी सीख गई धूरी में।।

(45)

घड़ी घड़ी याद कर, घड़ी जो घड़ी है घड़ी,
घड़ी ऐसी ना मिलेगी मिली है जो दो घड़ी।
घड़ी कौन सी भी आए मौत सिरहाने खड़ी,
घड़ी एक जगदीश याद कर दो घड़ी॥
घड़ी विधना ने घड़ी पून्य से शरीर घड़ी,
घड़ी ना आये तो फिर ऐसी मिली दो घड़ी।
घड़ी घड़ी समझात रसता से अंत घड़ी,
निपट सफल कर जीवन की दो घड़ी॥

(46)

घट ही में देवल है, अड़सठ तीर्थ घट,
घट में चारो ही कुंभ संतन का मेला है।
घट ही में मानस सरोवर हंस मोती,
घट ही में ग्यान ध्यान सोहं जप माला है॥
घट ही में सूर्य चंद्र रात दिन उजियारो,
घट में अमृत भरो कोउ जाने बिरला है।
घट ही में पापी धर्मि घट वैद्य रोगी कर्मी,
घट ही में बसे मर्मी निपट घट आला है॥

(47)

देवगिरी गुरु पाया संतन जमाव जहाँ,
महान प्रसाद पाया, जग से निराला है।
गोम बिच्छु साँप गिरगुट खेकड़ा मिलाय
कढ़ाई में ली पकाय, घुमाई गुरु प्याला है।
संतन में बारी-बारी सबको चड़ी खुमारी,
भय भूल को निवारी चरपट मौला है
निपट के पट खुले निपट लियौ है सब
गुरुकृपा भई जब तीनों लोक उजाला है॥

(48)

मान लियो तात भ्रात मान लियो पिता भ्रात,
मान लियो शत्रु मित्र, जात और पात है।
मान लियो आपीघर मान लियो नारी नर
मान लियो हानी लाभ मान लियो कांत है
सब जग झूट है मारीचिका की ज्योति जैसे
जान लियो सांच निपट मर्म की बात है
मान लियो नर्क स्वर्ग पाप पुन्य मान लियो,
मान लियो सुख दुख दिन अरु रात है।

(49)

जात जाने पात जाने, नात पोत गोत जाने,
छूत और छात जाने सत्य को बिसारा है,
बात कूरापात जाने लंदा और फंदा जाने
छल औ कपट जाने पाप को बटोरा है॥
मंत्र यंत्र तंत्र जाने मित्र अरु शत्रु जाने,
पुत्र और कलत्र जाने, प्राण सम प्यारा है
कुत्ता जाने चमड़ा जाने काया जाने माया जाने,
निपट तो ब्रह्म जाने बाकी तो पसारा है॥

(50)

कोऊ शोधे पर तत्व, ब्रह्म हेत भटकत,
मनवश करने को साधना जो ज्ञान की।
अहम् ब्रह्मस्मी से आत्मा का शोधकर,
कुंडली जागृत कर गती रोधे प्रान की॥
कोऊ तनु साधना से वासना जतन करें,
कोऊ त्रिकुटी के बीच ओंकार ध्यान की।
कै निपट निरंजन, जाने कोऊ कोऊ जन,
जाने हम एक धुन निरंजन नाम की॥

(51)

ग्यानी हुवा चाहे तो संगत कर साधुन की,
ध्यानी हुवा चाहे तो ध्यान को बड़ाव रे।
जति हुआ चाहे तो जीवन की रक्षा कर
सती हुवा चाहे तो इन्द्रिय बस लाव रे।।
भागा जद चोहतो भाग बुरे कर्मन से
आवा जद चाहे तो राम शरण आव रे।
माँग जद चाहे तो रघुनाथ आगे।
गावा जद चाहे निपटा गोविंद गुण गाब रे।

(52)

भूमि कहे मैं हूं बड़ी शेष कहे शीस खड़ी
शेष बड़ा वो तो शिवजी के हत्य कड़ा है।
शिव से तो जड़ा वह कैलास रावण उठा
रावण से बाली बड़ा कांख में ले दौड़ा है।
बाली से बड़ा राम बाण, एक बाण में लो प्राण,
बाण से बड़े श्रीराम जाके हाथ चड़ा है।
कै निपट निरंजन राम से बड़े भक्तजन,
जाके हृदय राम खड़ा, सो ही जानो बड़ा है।।

(53)

नहाय के तिलक करे मंदिर आसन धरे
छूत छात करे मन मेल तो बसाई है
जल जो चढ़ावे सो मच्छ कच्छ का झूटा
चंदन चढ़ावे सो भुजंग लपटाई है।।
दीपक तो आगे धरे पतंग सो जाय मरे
फूल चढ़ावे भँवर सुगन्ध ले जाई है।
कै निपट निरंजन सो अच्छे भोग भोजन,
सब भये झूटे जब माखी ने स्वाद पाई है।।

(54)

केकती केशव कल्याण, गुलाब गोपाल लाल,
मालती में वास करे मोहन मुरारी है।
चंपा माँ चतुर्भुज सेवती में सीताराम,
चमेली में चिदानन्द सुगन्ध कछु न्यारी है,
नारंगी में नारायण गेंदा में गोविंद लाल,
केवड़ा में केशव सोहे कुंजन बिहारी है।
कमल में कमलापति जाई जूई जगन्नाथ,
जुग जुग के चरणों में निपट वारी है।।

(55)

काट को फिरे है कहाँ कन्द मूल खाये कहाँ
जमुना जल न्हाये कहाँ मिलन मौं लाला है।
गाये कहाँ नाचे कहाँ वेद पुरान बाचे कहाँ,
तेरा हिरदा साँचा नहीं क्यों भटका भूला है।।
तीरथ को जाता है तीरथ तेरे हिरदे में
भूला क्यों गँवार तेरे साथ नंदलाला है।
कहते हैं ए निपट छाँड दे सारे कपट
गुरु से होये लिपट हिर्दे में उजाला है।।

(56)

मनका कड़ासन सुरती सहस्र दल,
काम क्रोध धूनी खाक चढावे है तन को।
अगम निगम जाप जपत सोहं आप,
अनहंत बाजा दिन रात बजावन को,
तीन गुन त्रिकुटी पर प्याला पिवे भर भर,
जोगी जुगत अमर डरना मरन को,
कहे 'निपट निरंजन', बन मैं बैरागी,
रूप नहीं रेखा देखा घट-घट जिनको

(57)

अन्तकरण संग ग्यान, शब्द कर्ण बैठे कान,
वाचा मिले शब्द को मन उजियाला है।
त्वचा भक्ति जाने घरे मिलावे उठावे हाथ
बुद्धि उदान संग भूप चक्षु आला है,
देखे रूप धरे मिल उठावे चरण दोउ
चित्त प्राण लानो रसना पै रसाला है।
रति सुख होवे जब मिल पहिचाने ताही,
आतमराम तो इनसे निराला है।।

(58)

अहंकार लेके संग आपन मिले उमंग,
नासिका घ्रान संग गुदासे होवे गुदा है।
पाँच पच्चिस संग यह है त्रिगुण अंग,
आतमा इनसे असंग रंग होवे जुदा है,
है त्रिगुन ता से भिन्न ऐसे जाने कोई जन
तन उठावे चरन, ग्यान होवे पैदा है,
कै 'निपट निरंजन', निरखे न कोई अन्य,
होवे वो चैतन्य जहां देखो तहां खुदा है।

(59)

लोभ के बाजार में विचार कर बैठे नर,
काम सा दुकान में समान सब हार्‌यो है।
मोह से गुमास्ताजु मिले हैं आदरकर,
दया सो दिवाना, माया पाश डार्‌यो है।।
क्रोध कोतवाल तहां कुबुद्धि पायदे पाय,
मोह काम सोच निज बोलबो बिचार्‌यो है।
वाणिज-व्यापार कैसे हो निपट निरंजन,
कंचन सो शहर इन पंचन बिगार्‌यो है।।

(60)

काया वटवृक्ष थल, तीन गुन ज्ञान जल,
इसी में हरि फल नाम की हरियाली है।
प्रेम प्रति पात लागे, परमारथ के फल,
कांटा है ना कोई थूल जगसे निराली है।।
शील सत्य शाखा है आनन्द रूप जा को मूल
भक्ति में ना रहे झूल हर डाली डाली है
समता सुगन्ध मन तत्व को चले पवन
कै 'निपट निरंजन', निराकार माली है।।

(61)

तुमही किन्हीं इन्द्रियन को चंचलता,
तुमही कहाँ इन्द्रिय जीते तो बल है।
तुमही कहो सुतदारा बिन गति को नाय,
तुमही कहो कै यह कन्दन के बल है।।
तुमही कहो कै काया राखबे को कौन धर्म,
तुमही कहो कै काया राखे बिन फल है।
कहत निपट कोई दूसरा साहेब नाय,
नहिं तो बंधवाये फाँस लेवे चल है।।

(62)

जब हतो आदि तब हतो अन्त अनन्त,
ये सब खेल खेलबे को जग में आयो है।
अकेलो उदासी ताते बोलबे को जगवासी,
जगत में गुरु जीव एक ठहरायो है।।
साहेब सो सेवक सेवक बिन साहेबी है,
रचा रूप आपसे कहु कहा कहायो है।
कै 'निपट निरंजन', एक में सकल कला,
दूसरे विचार देख कौन वेद गायो है।।

(63)

वे पण्डित कछु और माया और काया जाने,
वे नेत्र कछु और सूझे आदि अन्तर है।
वे पद और जाणिये तास ले तीरथ करे,
वे भुजा और नासिका सांस-सांस थीर है।।
वे मुख और नाम ले उनमनी परा वाणि,
वे करणी कछु और जनम अमर है।
कहे 'निपट निरंजन', काया का पंची कारण
देह से विदेह होय करम को संहार है।

(64)

कुमित कुटिलनारी मोह की है पटरानी,
पुत्र बड़े अभिमानी पाखंडी वो सारे हैं।
आशा तृष्णा पुत्रि दोई सन्य वासना के आदि,
कपट वजीर भाई बड़े मतवारे हैं।।
दल विवेक का आवे काम क्रोध को भगावे,
अन्तर से बात चले तीनों ही भगावे है।
कहे 'निपट निरंजन', जीव लेवे शत्रु रन,
सद्गुरु के शरण सो विनय करे हैं।।

(65)

काठ की नाव डूबत नहीं लागे बार,
पत्थर की नाव को सहज पार करेगा।
भरे है दरिया व उछलत नहीं लागे बार,
मेहर की नजर से वो भी फिर भरेगा।।
लोहे की भीत को ढालत नहीं लागे बार,
बारूद के कोठे को कौन जतन करेगा?
कै 'निपट निरंजन', वाको भेद वो ही जाने
जो चाहे सो किया और चाहे सो करेगा।।

(66)

पल में चले पवन पल में अँधेरी जान,
पल मेहा बरसत पल सिंधु भरिये।
पल में पंछी उड़ाय पल में जाला फँसाय,
पल में मेवा खिलाय पल भूका मारिये।
पल में हलचल पल में सकल गल,
पल में राजा कंगाल पता नहिं चलिये।
कै 'निपट निरंजन', पल में प्रलय जान,
पल पल पालनहार से सदा डरिये ॥

(67)

नर तन नर भयो पशु पंछी तरु भयो,
घोरा कौ स्वरूप कहीं हाथी कौ दिखायो है।
फूल ही में फूल रह्यो गगन में झूल रह्यो,
पवन हो डूल रह्यो कहीं जल बहायो है॥
पंछीन मो बोलत है मच्छर किलोलत है,
जो जाहीं बर्ण बाले वही वर्ग बनायो है।
साहेब रचायो ठाठ आप लीला आप नट,
गुप्त प्रकट निपट ठौर-ठौर छायो है॥

(68)

बिना पग नाचत है बिना नैन देखत है,
बिना कर करतल मृदंग बजाय है।
बिना सरवन सुनै बिना रस जाके भैन,
जहाँ नहीं तहाँ सब व्यापक दिखाय है॥
अलख अगोचर लखन किन पाय नहीं,
दृष्टि सृष्टि ही निराली उन्मनी जाया है।
कै 'निपट निरंजन', अविगत गत न्यारी,
दिल ही को दिल जाने ज्यों गूंगे गुड खाय है॥

(69)

मच्छ कच्छ नरसिंह, वामन परशुराम,
रघुनाथ बन धाम, कनैयो को जेल है।
तीन पुर कौन रच्यो त्रिपुरासुर कौन मार्यो?
भस्मासुर भस्म किन कौन कियो छल है।।
कौन मथ्यो चौदा रत्न कौन बाट्या अमरुत
कौन बैद्य कौन वेद श्रृष्टि को झमेल है।
कर्ता पुरुष तिर्वर्या निपट सिर्जन हार,
आवे नहीं कहि सेर मासा कौ सै खेल है।।

(70)

रवि को प्रकाश जैसे देखिये मुकुट मध्य,
मुकुर प्रकाश जैसे जल को न भास है।
जल के प्रकाश हूते होत जो प्रकाश ताते,
देख्यौ परै मन्दिर भीतर उजास है।।
तैसे परमातमाते आतमा बिचार लीजै,
आतमाते मन ताते जगत बिलास है।
साक्षी परमात्मा अखंडीत सभी के माही,
निपट सबते न्यारो आनंद की रास है।।

(71)

गगन के मंडल में चंद्रमा मसालची है,
किये लाख तारे बाके दीपक दरबार है।
ब्रह्माहू वजीर विष्णु कारदार देखियत,
शंकर दीवान से गणेश चोबदार है।।
शील हू की लक्ष्मी सो सदा अंगसंग रहे,
कुबेर भंडारी और इन्द्र जमींदार है।
कै 'निपट निरंजन', समझ विचार देखो,
ऐसे जग का रखवार महा करतार है।।

(72)

आप ही पूजारी देव आपी वेद आपी भेब,
आप राजा रंकराव आप गुरु चेला है।
आप ठाकुर आप दास आप दाता आपपारा,
आपी शब्द आपी सांस संजोगी अकेला है ।।
आप बीज आप बिरछ आप सिंह आपरिच्छ
आप मच्छ और कच्छ माया का झमेला है।
आपी राम आपी श्याम, निपट निराले काम
है तो अकेला पर खूब खेल खेला है ।।

(73)

बातन के कहने से गोरख को ग्यान भयो,
बातन के कहने से कै एक जीव जात है।
बातन के कहने से देह यह शीतल होय,
बातन के कहने से मन आनंद हो जात है ।।
बातन के कहने से जीव संतोष होत,
बातन के कहने से बादशाह से मिलात है।
कहै 'निपट निरंजन', बातन में बड़ा फेर,
एक बात ही आवे तो वो ही करामात है ।।

(74)

पसे बिना बात कहो पूत नहीं कपूत है,
पैसे बिना भाई कहै भाई दुखदाई है।
पैसे बिना जोरू कहे भड़वा निखट्टु मेहा,
पैसे से ही सगा और समधि सगाई है ।।
पैसे न होवे गाँठ, मौत न आये झट,
पैसे होवे नाता चट पट बतलाई है।
पैसे का आदर मान, बड़ा रोग अभिमान,
'निपट निरंजन', के अनुभव आई है ।।

(75)

सूमसे तो दस हाथ गंडक के बीस हाथ,
चुगल से तीस हाथ बचना चहाड़ से।
चंडाल से चालीस हाथ पापी से पचास हाथ
सर्प से साठ हाथ शेर के दहाड़ से।।
तिरिया से सत्तर हाथ, कलाल से अस्सी हाथ,
नाहर से नव्वह हाथ सौ हाथ हाथी के सोंड़ से।
कै 'निपट निरंजन', सौ हाथ सदा बचै,
रांड भांड सांड औ बेस्या लबाड़ से।।

(76)

नियत के चूकी तिको देर है अंधेर नहीं,
जिन्दगी में उसही की नौका को तूफान है।
जाकी हो सच्ची नियत, वाकी पूरी इबादत,
जाकी बुरी नियत हो सतत हैरान है।।
नियत में खतरा तो झोली बीच खतरा,
देवेगा जो दान दाता छूटेंगा गिरान है।
निपट जाके कपट वाके होय तलपट,
नियत सपाट हो तो मंजिल आसान है।।

(77)

गर्व से सुलक्ष जाय, सूमता से यश जाय,
कुपुत्र से कुल जाय जोग सो कुसंग से।
लाड़ किये पुत्र जाय शौक ते शरीर जाय,
भूक ते मर्यादा जाय बुद्धि जाय भंग से।।
कपट से मित्र जाय लोभ से बड़ाई जाय,
मांगने से मान जाय, पाप जाय गंग से।
नीति बिना राज जाय, क्रोध से तपस्या जाय,
निपट राजपूति जाय मुखमोड़े जंग से।।

(78)

नारी के चक्कर में नारद की नारदि भई,
नारी के चक्कर में ब्रह्मादिक भरमायो है।
नारी के चक्कर में शिव भिलनी पीछें दौड़े,
पाराशर विश्वामित्र तप से भुलाये हैं॥
नारी के चक्कर इन्द्र चंद्र कलंकित,
नारी के चक्कर राजरंक भरमायो है।
कै 'निपट निरंजन', नारी को धिक्कारे मन,
साही योगी संतजन तब ही कहायो है॥

(79)

षट दरशन पढ़ै खट कर मन गढ़ै,
उपर सोहला मडे, मन मैला कीनो है।
काम क्रोध हिरदे राखे छूतछात टेढ़ी भाखे,
अंधेरे में माल चाखे मंत्र-तंत्र टोने हैं॥
जाने ना जाननहारे गले में जनेऊ धारे,
आतम बिद्या में कोरे कर्मठ के शाने है।
कै 'निपट निरंजन', को ऊंच नीच बरन,
सो ही कहावे ब्राह्मन जो ब्रह्म पहिचाने हैं॥

(80)

वहाँ की न प्रेम भक्ति यहां की विषम सक्ती,
वहाँ की नहीं विरक्ति मुक्ति मिले कहाँ के।
माला फिरत कर में सुरति नहीं हरि में,
वासना बसी चित्त में इन्द्रिन के स्वाद से॥
भिक्षा माँगे तन मुंडा त्रिकूटी न मन मूंडा,
अलक्ष न लक्ष ढूंढ़ा अनहद नहाके।
निपट ये भेष कैसे अन्तर जपत पैसे,
ऐसे दुविधा में फँसे यहाँ के न वहां के॥

(81)

नवनाथ शूरवीर लडै जंग बहादुर,
बड़े बड़े महारथी किये चूर चूर है।
छमाहू ही ढाल गही भाला उदार लाही,
तरकस ध्यान कही सूरत की तौर है।।
करम धरम दल लढत है जल थल,
बचन बरछी सूल विवेक कटार है।
अनहद शंख फूंखा पग न डिगा बेचूक,
निपट अन्तर लोक नाथ चढ़ै तूर है।।

(82)

शूर को ज्यों शस्त्र प्यारो सती को सिंदूर प्यारो,
नारी प्यारी कामी को लोभिन को दाम है।
दीपक को तेल प्यारो अग्नी को कपास प्यारी,
मछलि को नीर प्यारो चकोर को आग है।।
मकरी को तार प्यारो किसान को खेत प्यारो,
चकोर को चन्द्र प्यारो चोरन को शाम है।
कै 'निपट निरंजन', जपी को सुमिरन,
भक्तन के बसे मन प्यारा राम नाम है।।

(83)

सपने को राजभोग, सपने को जोगी जोग,
सपने कुटंबी रोग सपने लेना देना है।
सपने में रनशूर सपने को दानशूर,
सपने मान अहंकार अपने मरना जीना है।।
सपने अग्यानी यारी डसत अविद्या नारी,
सपने रंक भिकारी सपने रोना धोना है।
कै 'निपट निरंजन', नहिं कछु लाभ हान,
को जाने संत सुजान, जगत ही सपना है।।

(84)

जाको है तीव्र वैराग कुंडली जागृत योग,
जाने तृणवत जग मान अपमान है।
लिन्हे है सोहं जाप उन्हें क्या करोड़ लाख,
जाने अपना जो आप उन्हें वेद पुरान क्या ॥
जगसे रहे उदास प्रभु लगन की प्यास,
जिन्हें देह को अभ्यास उन्हें आत्मज्ञान क्या।
संसार से जो है त्रस्त निपटआशा कौ अस्त,
सो मुद मस्ती में मस्त उन्हें मद्यपान क्या ॥

(85)

शब्द कहा जानत है बात ऊंची तत्त्वन की,
लठ कहा जानत है, गुण अवगुण को।
जठ कहा जानत है शास्त्र पुरान भेद,
नट कहा जानत है योगासन ध्यान को ॥
भट नहीं जानत है रण बीच शत्रु मित्र,
हठ नहीं जानत है नफा नुकसान को।
कहत निपट गुरु चरण रहे लिपट,
लंपट कहा जाने गुरु के बचन को ॥

(86)

ब्रह्मा हू न जान्यो मैं सृष्टी को रचन हार,
नारद हू न जान्यो मन माला सोहं की।
रामहु न जाने सीता चोरी राम बे को,
रावन न जान्यो सोने लंक के खोवन की ॥
शंकर हू न जान्यो भस्मासुर भर दियो,
भस्मासुर न जाना कछु भस्म होवन की।
दीनानाथ हौ न बंधु तेरी गति वही जाने,
कहे 'निपट निरंजन', ऐसी गती कौन की ॥

(87)

साँच कहूँ झूठ होय आपस में फूट होय,
बातन को लूट होय कूट होय माटी को।
उद्यम की हानी होय बोले अपमान होय,
बात को तूफान होय दाम जाय गाँठी को॥
तन छुवे ताप होय बैरीन से बाप होय,
पुण्य किसे पाप होय साँप होय काठी को।
घर ही में घोर होय निरधन पै वैर होय,
निपट जब दिन फिरे मेरु होय माटी को॥

(88)

घोडे के चढ़ बैसे को तो घोड़ा नहीं मिलत,
घाँस के फट वैसे घर घोड़े बंधत हूँ।
समशीर कें बंदे वेको तो चाकू नहिं मिलत,
दासी के पुतरे समशीर को बंधत है॥
मंदिल के बंद वेको पगड़ी भी नहीं मिले,
राँड के भढवे फिरे मंदील बंदत है।
झूठ के बोलन हार सभा बीच मान पावै,
साँच के बोलनहार भूके ही मरत है॥

(89)

जनक में राज योगी ययाती यौवन भोगी,
शुक मुनि बड़े त्यागी धारते कौ पीन्ह है।
नारद में देव ऋषी विश्वामित्र ब्रह्म ऋषि,
राम राजा बनवासी सूर्य चंद्र क्षीन है॥
राजा रंक मुनि जति कर्मन की न्यारी गति,
मति हीन बिन रति सिन्धु नमकीन है।
रति मनके निकट बुद्धिमान बने राठ,
सिद्ध पुरुष निपट प्रारब्ध अधिन है॥

(90)

काहू दिन मखमल गादी पर बिसराम,
काहू दिन गौदड़ी ही बिछी खाट सोइये।
काहू दिन षट रस व्यंजन भोजन मिले,
काहू दिन रूखी सूखी रोटी को ही पाइये ॥
काहू दिन राज दरबारन में मान मिले,
काहू दिन निंदकों से भलि बुरी सुनिये।
निपट न छोड़ो नाम, धीरज से लेवे काम,
जाही विधि राखे राम वाही विधि रहिये ॥

(91)

कोई भीक माँगत है राजशाही लाभे भोग,
कोई व्यथा नाना रोग, कर्मफल पाइये।
कोई ग्रह पीड़ा पाये कोई मन भरमाये,
कोई महलों में, कोई झोंपडी में सोइये ॥
कोई निंदकों के बीच कोई संत लेवे खींच,
हानी-लाभ ऊँच-नीच चुपचाप सहिये।
सीता-राम राधे-श्याम सुभो-शाम निपट काम,
जामे रहे राजी राम वामे राजी रहिये ॥

(92)

झूटे घर झूटा आया, झूटे सोही पर चाया,
झूटि थाली झूटा खाया झूटा घर दार है।
झूटी वधू झूटा घर झूटा रचे संसार,
झूट सब नारी-नर, झूटा व्यवहार है ॥
झूटे सब पुत्र-पोती झूट का न अंत पाया,
निपट झूट जन्म खोया कैसे हो उद्धार है।
....,
.... ॥

(93)

राजा और प्रजा रूठे मित्र और भाई रूठे,
पंचात में चौधरी रूठे और क्या बताईये।
पुत्र और कलत्र रूठे घर में सो स्त्रियाँ रूठे,
धनी कंगाल रूठे रूठन में न जाइये।।
पास औ पडोसी रूठे गोत्र में तो बाम रूठे,
सब ही कुटुंब रूठे मन में न लाइये।
कै 'निपट निरंजन', सब जग रूठे क्यों न,
पर दीनानाथ कहि तै मत रूठा चाहिये।।

(94)

मधुर बचन बोले, माने सोई पुरुषार्थ,
रोम रोम जाके स्वार्थ से न जा सके।
वो धन ही किस काम का जो दीनों के न काम आवे,
वो नर किस काम का जो उपकार न कर सके।।
सांचा सुख प्रभु नाम झूटा सुख धन धाम,
कौन भला सुख पाया विषयों में फँस के।
उदय होय पूर्व भाग निपट हो अनुराग,
संतों का प्रसाद भाग्यवान ही तो पास के।।

(95)

जैसे प्रेम कामिनी को कायम न रहने पाय,
जैसे दुष्ट गाली सुन सज्जन चुप रहे हैं।
जैसे ओछे बौराते हैं थोड़ी सी संपती पाय,
जैसे ईश अंशजीव, माया से भुलाते हैं।।
जैसे ग्यानी-बुद्धिमान, गुण को संग्रह करे,
जैसे जगदिधार को, निर्मलजन पाते हैं।
जैसे सत पुरुषों में अवगुण होवे नहीं,
जैसे निपट कपट तल पट होवे हैं।।

(96)

जो परोपकार करे मन प्रतिष्ठा न चाहे,
जो बाहर भीतर से निरमल होते हैं।
दूसरों का खून चूसने की जो नियत नहीं,
दूसरों के दुख में जो दुखी होके रोते हैं।।
दीन हीन गरीबों से नफरत करे नहीं,
पर धन पर नारी को न कभी छूते हैं।
जाके हो मनसंतोष ताके माने विसवास,
निपट सो आसपास प्रभु को ही पाते हैं।।

(97)

आग लगे चतुराई आग लगे परसाई,
आग लगे अर्चना को चूल्हे जल जाई है।
आग लगै व्रत नेम, आचार विचार जले,
आग लगै शौचा चार, मन भटकाई है।।
आग लगै चारों वर्ण आग लगै नेम धर्म,
आग लगै पूजा कर्म, छूत छात कराई है।
आग ना अलख लगै आग अजपा न लगै,
आग ना निपट लगै, गुरु तीर्थ पाई है।।

(98)

गुरु चरपट जोगी जोग याग त्यागी योगी,
कान मुद्रा निद्रा त्यागी जटा सिर ध्याना है।
सैली संत विरक्ति शील अगमै विभूति,
सिंगी अनहद जती सोहं बखाना है।।
कर्म की जलाये धुनि, भक्ति झोली सुहावनी,
त्रिकुट में सुरती से अलख घुमाना है।
कै 'निपट निरंजन', सहस्त्र दल मौन,
करत सुधा को पानु जोगी वो मस्ताना है।।

(99)

मान की गोदड़ी ओढ़े ध्यान की कफनी बाँधे,
कमर मतंगा अंगा सुमर गल हार है।
माथे तिलक उनमनी, धिरज की ध्यान धुनी,
फावडी गुरु निशानी, सुरती अपार है॥
अंतर तुरिया झूलै मरम न जाने भोले,
गमन मंडल डोले चित्त दसवे द्वार है।
कै 'निपट निरंजन', झूलत वैराग मन,
अलमस्त अलख कै ले झोली भिक्षा डार है॥

(100)

कौन कलिकाल के कराल से बचाय लेत,
कौन माया मोहहु के फंद से छुड़ावते।
कौन जप तप नेम कौन गोपिन सा प्रेम,
कौन बैकुंठ धाम, सुख को बिसारते॥
कौन मिले आधार जडता जडीअ धार,
कौन भवसागर से पार कर पावते।
कै 'निपट निरंजन', कौन करता भजन,
आते जो न संतजन कौन राम ध्यावते॥

(101)

सूर उदै चंद्र अस्त पुण्य कलि खिली मस्त,
वृक्ष लता फलै फूलै बीज अंकुरित है।
गर्भाशय भ्रूण शिशु प्रसूति की उतकंठा,
शीघ्र से न होय कुछ समय प्रसूत है॥
मल्लधारी शस्त्रधारी कवि संगीतकार,
यथार्थ समय पर मंत्रतंत्र यंत्र हो।
कै 'निपट निरंजन', सावधान करे साधन,
पिपीली से विहंगम अगम प्रवृत हो॥

(102)

जहाँ पवन न पानी नहीं बिना बादर वहाँ,
सूर्य नहीं चन्दा नहीं रैन ना भो रतिया।
धूप नहीं छाया नहीं काया नहीं माया नहीं,
करम की गती नहीं नहिं वहाँ लेखनिया ।।
पाप नहीं पुण्य नहीं माता नहीं पिता नहीं,
अष्ट सिद्धि नवनिद्धि जोग न जोगनिया।
जहाँ पाँचों तत्त्व नहिं मुक्ति जुक्ति शक्ति नहीं,
निपट सो धाम कोटि भानु प्रकासनिया ।।

(103)

जहाँ मित्र शत्रु नहीं जहाँ दिन रात नहीं,
जहाँ राग द्वेष नहिं कर्म का अधारा है।
काम नहीं क्रोध नहीं काल नहीं ज्वाल नहीं,
धर्म ना अधर्म नहिं तिमीर उजारा है ।।
वेद नहीं भेद नहीं जोग अरु जप नहीं,
जहाँ तीनों देव नहीं त्रिगुण की धारा है।
कै 'निपट निरंजन,' आदि अन्त मध्य कौन,
वोहि सगुन निर्गुन ब्रह्म व्याप्यो सारा है ।।

(104)

खोल हृदय के कपाट, ब्रज सम द्वार पाठ,
कला के भेद तहाँ ताला कुंजी न पाई है।
पहले द्वार आसन दूजे द्वार कडासन,
तीजे द्वार सुरती को ध्यान सो लगाई है ।।
चौथे द्वार अमीगाय पंच छट्ट साधे कोय,
सप्त द्वार गुरु आय आठौ दरसाई है।
नववे द्वार अवगती दसमें मेटी विपत्ती,
निपट ब्रह्मांड गती सहल कराई है ।।

(105)

संजम नियम साधे मूल द्वार बन्ध बौधे,
संगनी उलटी साधे कामदेव जारिये।
खैंची प्रात अपान हीय कुंभक अनहदीय,
सुखमनि बैठी जाय नाके से बिचारिये ॥
खोलि के कपाट द्वार उन्मनी जाय संवार,
कामधेनु पयधार अमृत उतारीये।
कै 'निपट निरंजन', छूटे जन्म मरन्,
सौ जोगी जुगत ध्यान त्रिकुटी मैं धारिये ॥

(106)

काया काशी तीर्थ कर पूर्ण ज्ञान पुठकर,
द्वारिका सो द्वार यामें स्नान करिये।
इन्द्रि जित बद्रीनाथ जग ब्रह्म जगन्नाथ,
भँवर गुफा त्रिवेणी तामें गोता मारिये ॥
सुखी निरती गंग सोहं शब्द उमंग,
काया होय हँस अंग, नाम हिय धारिये।
कहत निपट घट, सारे तीर्थ आवे चट,
गुरु चरन लिपट, तन मन वारिये ॥

(107)

न था शुन्न निर शून्य न था पाप अरु पुण्य,
न था गुन निरगुन न थी वेद बानी है।
न था धरती अकास, न था माया का विलास,
न था काल का निवास, पवन न पानी है ॥
न था मच्छ कच्छ शेष न हता गौरी गनेश,
न था विष्णु महेश ब्रह्मा न ब्रह्मानी है।
न हते राम रावन, न कृष्ण बली वामन,
निपट कछु न था, सो अलख निर्वानी है ॥

(108)

घट ही मो चन्दा सूर घट में अनहद नूर,
घट बीच दसो द्वार मथुरा और कासी है।
पंच प्रान छटा मन, सगुन और निरगुन,
घट में ओंकार धून, परम प्रकासी है ।।
घट में सोलह खाई, सप्त चक्त फिरे ठांई,
अग्यानि सूझे नाहीं ज्ञानी को ही भासी है।
कहत निपट घढ बसे सबही विराट,
लगे गुरु चरपट एक अविनासी है ।।

(109)

जीव शिव एक करो ब्रह्म भाव दृष्टि धरो,
अहंभाव नास करो, भ्रम दूर कीजिए।
मदन को भय त्यागो अव्यय स्वरूप जागो,
असी पद वृति लागो अभै पद लीजिए ।।
द्वैत को गयो अज्ञान ब्रह्म बिना नहीं आन,
विषय विष समान मधु रस पीजिए।
कै 'निपट निरंजन', घट तीमीर हरन,
सतगुरु के वचन पर चित्त दीजिए ।।

(110)

प्रथम द्वार पर सोहं को जाप जपे,
दूजे द्वार पर अनहद शब्द पाई है।
तीजे द्वार पर तीनों गुन त्याग कर,
चौथे द्वार जाय भरम नसाई है ।।
पंच द्वार पर पाँचों विशय त्याग,
छटे द्वार मन मार सप्त चढ़ जाईये ।
अवगती आठवें उनमनी नववें द्वार,
दसो द्वार 'निपट निरंजन', समाई है ।

(111)

आसन को सिद्ध करे, त्रिकुटी में ध्यान धरे,
तेल बिन दिया जरे, ज्योत को उजारा है।
कुंभक अंथाक राखे, अनहद ओर ताके,
सुखमन बैठी जाके सोहं उचारा है॥
खोल के कपाट सिरा चढ़ै जो अगम सूरा,
कामधेनु जावे तीरा अमी को उतारा है।
उनमनी जास लागे निज पद मोहि जागे,
जन्म मरन भागे निपट खेल सारा है॥

(112)

जड़ चेतन दो भाग, बाँटा है सम्पूर्ण सृष्टि,
पंचतत्व निरमाण, इन्द्रि द्वार बनाई है।
अपने ही अंसन को लाता और लेके जाता,
जड़ चेतन की नाना योनियाँ बनाई हैं॥
प्रकृति में अंस मिला, जीव तब कहलाय,
ज्ञान जब होय गया, शिव कहलाई है।
मिट्टी से ही घट जैसे वे वटका पट तैसे,
वास्तव में निपट ऐसे जीव ब्रह्म सोई है॥

(113)

भूल भूलैये का पथ, माया का न लागे अंत,
छन भर शांत चित्त, चैन नहीं पाये है।
भजन पूजन ध्यान जपतप योगासन,
चित्तवश के साधन, नाना दरसाये है॥
चित्त के ही उलझन सुलझे निर्मल मन,
सोही योगेश्वर जान, स्वरूप को पायो है।
बिन्दु को न ग्यान घट तब तक बिन्दु रट,
ज्ञान जो हो निपट, बिन्दु सिंधु हो जावे हैं॥

(114)

चित्त में ही घर बसे वसुधा का मोह बसे,
चित्त से ही जग जाल, प्राणी भरमाया है ।
स्वप्न में भी चित्त कभी हुआ न किसी का मीत,
बालू भीत जैसे प्रित छन में लुभाया है ।।
स्थिर जो नहीं है पल बायूसा फिरै अंचल,
निक्षेप अर्पण मन चित्त में समाया है।
सब कार्य कर मन चित्त में पूरा शासन,
सच्चा लो सम्राट जान सिंहासन पाया है ।।

(115)

अखंड अमर अज, अविच्छिन्न अविनासी,
महान पद के वासी तुम कहलावे हैं।
धोका जहाँ जीव माया, भ्रम वस्तु दुजा भाया,
मेरा तेरा जाने काया भेद भर मावे हैं।
कहना न सुनना है शांति बोध जानना है,
एको ब्रह्म दुजानसी छंद ये ही गावे हैं।
ये ही तत्व जाने साँच तहाँ चित की न पहुँच,
निपट साँचे आँच परम पद पायो है ।।

(116)

अविचल अविनासी, अमर आतमाते ये,
दृष्टा दर्शन संन्यास वाणि का न गम है।
सरस्वती लेखनी भी कुंठित हुवी है जहाँ,
तनिक लिखेगी क्या लिखने में दम है ।।
जन्म नहीं मृत्यु नहीं उत्पती उत्पात तहाँ,
न वैरी न प्यारा वहाँ, न ज्यादा न कम है ।
जहाँ रात दिन भरता न दारा कहीं,
एक सच्चिदानन्द निपट सो हम हैं ।।

(117)

नहीं नानातत्व काम नहीं रूप नहीं काम,
नहीं कोई बिसराम आता है न जाता है।
जहाँ मैं न तू न वह ना संग्रह ना विछोह,
नहीं काम क्रोध मोह नहीं कोई नाता है।।
न कोई गुरु चेला न माया का झमेला,
ऐसा वो रहे अकेला खाता है न पीता है।
नहीं क्रोध नहीं शांत, नहीं जग ना एकांत,
कै निपट वाको अन्त पाता वो समाता है।।

(118)

जीवन ही मुक्त ऐसो, मनिदीप चित्र जैसो,
अचल स्वरूप ऐसो चौहन प्रकाश है।
तपे नहीं त्रियताप, देह को तजे संताप,
आपही में लाहे आप अहं बुद्धि नाश है।।
शुद्ध अहं-अहंधारी अहं जपि अहं जारी,
नाना रूप आधी टारी दुजा नहिं भासे है।
जीवन सो मुक्त रूप भगवान सो अनूप,
व्यापक सकल भूत, ब्रह्म को विलास है।।

(119)

कौन हूँ मैं कौन पत्ता कौन पिता कौन माता,
कौन बोलता है बता घट के दरम्यान है।
कौन गोरा कौन काला किसका है उजियाला,
कौन किसे देखा भाला कौन की पहिचान है।।
कौन नाम कौन रूप कौन देखे वो अनूप,
कौन लखा है स्वरूप कैसा भगवान है।
कौन जाने वो सर्वज्ञ वृत्तियाँ है अल्पज्ञ,
कौन है 'निपट' सूज्ञ प्राणों का भी प्राण है।।

(120)

अविचल अविनासी, कौन किसे मारता है,
देह तो है नाशवान, आतमा अमर है।
अग्नि तो जला न सके पानी तो गला न सके,
वायु भी सूखा न सके, शस्त्र वे असर है ।।
कपड़े सुखाने जैसे, देह से उतार देत,
नया वस्त्र पहने तब मग्न होत नर है।
फटे पुराने जो पट सोच करे क्या निपट,
मौत आवे क्या झपट सत्य जो निडर है ।।

(121)

प्रेम भक्ति पथ में न पीछे पद हटे कभी,
चाहे कितना भी घोर संकट से पाला है।
चाहे आधिव्याधि दुःख चाहे त्रितापों का शोक,
चाहे विशयों का झोक, माया का झमेला है ।।
कर्तव्य से उब जाय मन में न घबराय,
जो कृति कर दिखलाय वाको बोल बाला है।
'निपट निरंजन', जो जाके तन बीच लागी,
धुन में लगन में मगन मतवाला है ।।

(122)

जीवन ये पायकर, जीव को जो मुक्ति नहीं,
बार बार जनम का आना और जाना है।
चारोधाम अड़्ड़सठ तीरथ न होय सभी,
आत्मा न शोधे कभी साधना ही व्यर्थ है ।।
हसत किये जो कर्म विषय अन्ध बेशर्म,
जाने नहीं धर्मी धर्म, रोना धोना व्यर्थ है।
... ...,
... ... ।।

(123)

एकीस हजार दो सौ साठ साँस दिन रात,
सोहं का जाप जप अजपा को साधले।
सूर्य चन्द्र शिवधर, पंचतत्व मिलकर,
लाभहानि को विचार, भविष्य को भेदले॥
मूलाधार स्वाधीष्ठान मणि अनहद शुद्ध,
कुंडली को जगाकर छेहों चक्र भेदले।
त्रिकुटी प्रकाश ओम निपट समाधि धाम,
सहस्त्र दल मुकाम आनन्द अगाध ले॥

(124)

सुमेरु गिरी महान हिमालय गिरिमाहि,
सिद्ध महापुरुष बसे उत्तरा खंड है।
शतायुष वर्ष चार बैठे गुफा के बीच,
योग साधना समाधि लगावे अखंड है॥
आकाश गंगा का जल, खाये कंद मूल फल,
आत्मा में नहीं जल, थंड करे खंड है।
कै 'निपट निरंजन', ब्रह्म का नहीं है ज्ञान,
मन वासना कि खान, जानो वह पाखंड है॥

(125)

काहु को अधार राज, खजाने हो राग रंग,
भूषन सजे हो अंग, वस्त्र के विलासी हैं॥
काहु को अधार वृत, काहु को धन स्वार्थ,
काहु को अधार तीर्थ, आठो याम कासी है॥
काहु को अधार योग, काहु को विषय भोग,
काहु को पाखंड भोग, नृत्य अभिलासी है।
काहु के अधार जप, काहु के अधार तप,
'निपट निरंजन', के अधार अविनासी है॥

(126)

मौन से ही प्राप्त होता, घट बीच ब्रह्म ज्ञान,
मौन ही मिलेवे इश पापसे बचावे हैं।
मौन शांत संयमी से साहसी बनावे नर,
मौन धारने से प्राप्त लक्ष को मिलावे है ।।
मौन मुख बन्द सीप जल बिंदु मोती बने,
मौन के मधुर फल धीरज चखावे हैं।
मौन से निपट पट अंतर के खुल चट,
मौन शक्ति है अचाट ब्रह्म दरसावे है ।।

(127)

जल जंतु नऊ लाख, ब्रिछ पंछी दसलाख,
भृंग भै ग्यारा लाख, स्थावर बीस माने है।
तीस लाख पशु मनि चार लाख नर खानी,
चौरयांसी बिस्तार जानी, जीव भरमावे है ।।
हर्ष भय सुख दुःख हुवा न कभी निवृत्त,
जीव चराचर शांत किसी का न कीने है।
आषा तृष्णा के बंदे आधिन रहे है अंधे,
निपट काल के फंदे शमा परवाने है ।।

(128)

जन्म है न मृत्यु है न जरा है न रोग शोक,
युवा है न वृद्ध है न हस ना विनास है।
मन है न चित्त है न प्राण है न अप्रमाण,
इन्द्रिय न विषय न आस ना विलास है ।।
न शोक न विषाद न सुधा न पिपास कुछ,
पाप है न पुण्य न कुछ विकार का दोस है।
नित्य मुक्त परिपूर्ण अजन्मा है परात्पर,
निपट के घट घट ब्रह्म का प्रकास है ।।

(129)

देखने को जैसे स्वामी आवे घाट के हरामी,
ऐसे कुटिल काली काम रागहु में पड़े हैं।
देखने को अती नीके करनी के बड़े फिके,
कथनी में देवे धोखे उपद्रव को खड़े है ॥
हाथ में लिये सोठा, कपन का लंगोटा,
कर्मन का बेटा खोय फुट रचल में पड़े है।
कहत 'निपट निरंजन', बगुला भगत चोर,
ऐसे जनम के हराम खोर दो जख में सड़े है ॥

(130)

सती गई यमलोक वेश्या वैकुंठ चड़ी,
गुन्हेगार चैर करे, कैदी बेगुनाह है।
अनहोनी होनी करे; होनी करे अनहोनी,
कोई लापरवाह कोई लाखों की चाह है ॥
कोई हंसा कोई रोया, कहीं धूप कहीं छाया,
कोई तो भिकारी फिरे कोई शहंशाई है।
कै 'निपट निरंजन', कोई सुखी कोई दुःखी,
जगत करतार का यही तो तमाशा है।

(131)

काम है तो राम नहीं दाम है तो राम नहीं,
इन्द्रि पे लगाम नहीं मन का गुलाम है।
क्रोध है तो बोध नहीं विरोध है शोध नहीं,
याद ना आबाद नहीं बिती आयु तमाम है ॥
पूजना नमाज बड़े कुरान पुरान पड़े,
बगल में छुरी धारे मुख राम नाम है।
कहे 'निपट निरंजन', भ्रम है ब्रह्म नहीं,
अहं सो हम नहीं कैसो मोक्ष धाम है ॥

(132)

काईक परचीक और मानसीक कर्म करे,
जैसे तैसे पाप पुण्य भोगना ही पड़ेगा।
करणी करम गत कछ पुरब के भाग,
कर्म फल भोगे बिना कभी छटेगा।।
जती सती सन्यासी हो राजा रंक उदासी है,
... ... ।
कहे 'निपट निरंजन', जन्म का आवागमन,
कर्म को जो लेखा-जोखा मिटाये न मिटेगा।।

(133)

पशु पंची जल चर थल चर नभ चर,
सृष्टि की रचना सारी कैसे रच डारी है।
कैसे मानव प्राणी, नऊ मास उदर पड़े,
बुद्धिवादी हार गये कहे लिला न्यारा है।।
पंच तत्व पंचप्राण दशो इन्द्रि निर्माण,
अनेक कह्या न जान माया रची सारी है।
कै 'निपट निरंजन', निराकार निर्गुण,
है तो अरूप चुप अनेक रूप धारी है।।

(134)

नवखंड धरती जो एक बड़ी हले चले,
चराचर के प्राणी, कहो कैसे बच जाय।
सात समंदर जल मर्यादा को छोड़ देवे,
महा प्रलय होय सारी सृष्टि बह जाय।।
एक दिन पवन ही बहने का बंद करे,
उठे बैठे लेटे पड़े प्राण कैसे रह जाय।
एक दिन सूर्य चंद्र उदय न होवे कभी,
'निपट निरंजन', हाहाकार मच जाय।।

(135)

तेरी कृपा पंगु चले मुका बोले बहरा सुने,
तेरी कृपा हेला[1] बोले भोला गाने गायेगा।
अंधा भागे चंद्र आगे, कुत्ते से शेर भागे है,
राजा रंक भीक मांगे नजर जो फेरेगा ।।
तेरी कृपा से पावन सोने की निकसे खान,
तेरी कृपा से संतान बाँझ को भी होवेगा।
कै 'निपट निरंजन', से कहाँ पाया शिक्षण,
कौन गुरु ने पढ़ाया पता तो बतायेगा ।।

(136)

निरोगी रहना हो तुझे ऐसी बात पैले बूझे,
ताजा खावे बायां सोये रोग सदा रोवेगा।
दाँतों हरडा, आँखों नोन भूका राखे चौथा कौन,
एक बार लंघन विरोचन लेवे हैं।।
प्राणायाम आसन अती न हो जागरन,
संयम हो पालन सात्विक अन्न खायेगा।
कै 'निपट निरंजन', स्वस्थ शांत राखे मन,
ऐसा ही जीवन हो तो शत वर्श जीवेगा ।।

(137)

कामिका की नयन तो कामिनी की औरत के,
विप्र के नयन मन मोहन निहारते।
साम दाम दंड भेद भूप चारों अंग देखे,
नाडी को वैद्य देखे पशु पंछी नाक से ।।
ज्योतिष लोग देखे, कनक देखे कसके,
ध्यान से योगी देखे रत्न जौरी आँख से।
अमीर उमराव तो किस्मत परख लेत,
निपट तो भक्त जन अंतरंग ताकते ।।

---

1. हेला=भैंसा (मराठी शब्द)

(138)

कंचन कामीनी दोउ नरक तरनी बनी,
विधनाने रचदिनी नर कतरनी है।
कतरनी बीच नर कतरेना कतरनी,
खोही नर गुरु ग्यानी नरक से तरे हैं।।
करनी तरनी बनी कुकरनी बैतरनी,
जाग चड़ी कुंडलिनी अमृत पीनी है।
माया की मोह बरनी जम तकी अनबनी,
निपट की सुमिरनी बनी उनमनी है।।

दोहरे संग्रह

जहाँ पवन की गती नहीं, रवि शशी उदय न होय।
जो फल ब्रह्मा नहीं रच्यो, निपट मांगत सोय ॥1॥

हुवै सो बोले नहीं, बोले सो अजान।
गहरो प्रेम समुद्र है, डूबै निपट सुजान ॥2॥

प्रेम कहानी विष भरी, मत सुनियों कोइ आय।
बातन बातन विष चढ़ै, निपट रहे बौराय ॥3॥

सब में देखे ब्रह्म अपने माही।
देही देह विदेह हो निपट मुक्त हो जाय ॥4॥

मिटे देह अभिमान तो, होवे आतम ग्यान।
मैं मेरी माया यही, यही निपट अज्ञान ॥5॥

देखे जग वस्तु सबे, चित मैं ना लिपटाय।
सावधान हर दम रहे निपट परख निपटाय ॥6॥

भटकत जग अज्ञान में, अटकत है अभिमान।
सटकत है सत संग से, निपट सो लटकत जान ॥7॥

अडसठ तीरथ घट बसै, चारों धाम सुहाय।
भटकत निपट क्यों फिरे, उलट पुलट घर आय ॥8॥

एक बने धनवान हैं, एक बने कंगाल।
निपट निरंजन चक्र है, रंक बने भूपाल ॥9॥

दृष्टि सृष्टि सब लखै, अलख लखै सौ और।
अन्तर दृष्टि के बिना, निपट न पावत ठौर ॥10॥

अंड पिंड ब्रह्मांड में, ब्रह्म, भरा अखंड।
निपट हर घट में लखो, अगम अथाह प्रचंड ॥11॥

जब हम होते तू नहीं, अब तू है हम नाहीं।
जल की लहर जल में रहे जल केवल नाहीं ॥12॥

दीन दुनिया जहाँ नहीं, जाहीर बातीन हाल।
दम हमदम बेदम नहीं, औघट निपट सवाल ॥13॥

अगम पुरुष ले अंतकाल, अंत न पावे कोय।
संतन की कृपा भई निपट लखै घट सोय ॥14॥

त्रिकुट शिखर जो चढ़ै, सोहं शब्द को सूर।
अगर डगर को नगर है, बाजै अनहद तूर ॥15॥

चाह चमारी मारी के, तम तन की तजी आस।
तिनका तिनको ले चली, तिनका तिनके पास ॥16॥

भीतर की नैना नहीं, बाहर की गई फूट।
औघट राह निपट घट, बंधन गुरु से छूट ॥17॥

मुनि विश्वामित्र के तपके साठ हजार।
दो घड़ी सतसंग से तुले न तोल अधार ॥18॥

मन की ममता ना गई, नीच न छोड़े चाल।
रुका सुखा जो मिले, ले झोली में डाल ॥19॥

जुलमी जुलम जीयें नहीं, लगे गरीब की आह।
निपट सब तलपट भयो, उमरा शहंशाह ॥20॥

मिटते मिटते मिट चलो, रहे ना अहं भाव।
मोर तोर की दुबिधा, द्वैत का करे अभाव ॥21॥

भटकत भटकत मानवा, मानव तन यह पाय।
निपट कछु निपटा नहीं, फिरना औसर पाय ॥22॥

भँवर गुफा गंगोत्तरी बहती अलकानंद।
त्रिकुट त्रीवेणी स्नान कर पावे ब्रह्मानंद ॥23॥

क्या घर क्या जंगल बसे, स्थीर चित्त हो जाय।
विषय वासना मन तजे, तभी बिरक्त कहाय ॥24॥

गई को तू तो बिसार दे, रही का करे संभार।
हरि नामे हिरदे बसे, गुरु शब्द विचार ॥25॥

बिन बालक के पालना, बाँझ झुलावत जाय।
बिन करणी जीवन वृथा पूत कपूत कहाय ॥26॥

मैं सब में सब मोहि में साँचो हृदय समाय।
यही वही है वह यही दूजा भाव मिटाय ॥27॥

अनहद में सोहं जपे, खोले दसवाँ द्वार।
निपट झपट आगे बढ़े, मिले जो सिरजन हार ॥28॥

चन्दा कोट प्रकाश दे, सूरज कोट हजार।
निपट अलख निरंजना, तासे मिले करतार ॥29॥

मन मुख सो बहरूपिया कभी साधू कभी चोर।
निपट उलट पुलट में, हो गुरु मुख की ओर ॥30॥

बाहर क्या ढूंढत फिरे, अन्तर ही में खोज।
वृत्ति कहाँ से उठत है, निपट जान ले मौज ।।31।।

सोहं सोहं रटत है, सोहं में ही समाय।
निपट सोही हम रहे निश्चय दृढ हो जाय ।।32।।

पेट कपट जिब्भ्या कपट नैन मन कपटाय।
निपट निकट घट बसै, हरिना और घट घाट ।।33।।

संत बिषय विष जानि है, सो मूरख अपनाय।
जैसे वमन करत ही खान रुची से खाय ।।34।।

भूखे भोजन दीजिए, प्यासे पानी पिलाय।
साहेब के दरबार में दानी सोही कहाय ।।35।।

वेद पुरान कहा कथे, कहा कथे पुरान।
निपट सत कर्मन बिना, जैसे भूकत स्वान ।।36।।

मुह देखे का प्यार है, देखा सब संसार।
पैसे दमरी पर मरे, स्वार्थी सब व्यवहार ।।37।।

न्यारे न्यारे पंथ से याद करे संसार।
निपट लक्ष अलक्ष में, बिरले पोवत सार ।।38।।

धर्म गया नीति गयी, दया गई तो भूत।
निपट शील संतोष बिना, जन्में पूत कपूत ।।39।।

शब्द ब्रह्म परमात्मा, सत्य निरंजन आय।
निपट संत कोई जानि है, वेद नेती ही गाय ।।40।।

दस इन्द्रि रस भोग में, भूले मूल मुकाम।
निपट भ्रमे भवचक्र में, कैसे पावे राम ।।41।।

त्रिकूटी मध्य शिखर पे शब्द गंजे ओंकार।
निपट शून्य शब्द का, लखे प्रकास निहार ॥42॥

सात गगन ऊपर चढ़े, जहां सद्गुरु को स्थान।
निपट सहज समाधि में, करे सुरती से ध्यान ॥43॥

धर्म अधर्म की धाक में, कर्म मर्म की टेक।
निपट एक अनेक में, बूझा ब्रह्मा न एक ॥44॥

खर कूफर सूकर बसे पशु पंछी पाखान।
निपट व्यापक ब्रह्म है सब के मानि समान ॥45॥

गगन मंडल में जाप कर, उनमनी के आधार।
निपटता ही निपट मिले, ब्रह्म पुरी का द्वार ॥46॥

गुरु बतावे पूरब दिशा, चेला पश्चमी जाय।
निपट कपट चपेट से चौपट शिष्य लगाय ॥47॥

ना देवल में देव है, ना मसज़िद खुदाय।
बांग देत सुनता नहीं, ना घंटी के बजाय ॥48॥

भूल भूलैया भूल में, सब जग भूला जाय।
निपट वह भूले नहीं, जो गुरु पद लिपटाय ॥49॥

माटि का तू पुतला, किस पर करे गुमान।
मल मूत्तर से भरा, निपट छांड़ अभिमान ॥50॥

सवैया-संग्रह

(1)

रम्यो सब राम नहीं रीतो गम, भजो निष्काम तो सारे बने हैं।
मन में बसे काम मुख में कहे राम, जप नाम की माला वृथा फिरे है।।
सेत कहे सत ग्रन्थ कहे यह मानव देह अमोल सुने हैं।
कहे 'निपट निरंजन', साधे न जीवन माता के पेट से काहे जने हैं।।

(2)

रति बिन भाई भरोसा न राखत रति बिन तिरिया सुने न पती को।
रति बिन मित्र न कंठ लगावत रति बिन जोग सधे न सती को।।
रति बिन कोई सभा में न बूझत, रति बिन मात-पिता लगे फीको।
कै 'निपट निरंजन', कोटिहु खटपट एक रती बिन पाव रति को।।

(3)

जोग जुगत की गत है न्यारी अनुहत सी भी बाज रही हैं।
गगन तले दरियाव भरो है भीतर चन्दा लाज रही है।।
अलख भरा जो खलक के अंदर पलक झलक बिराज रही है।
'निपट निरंजन', नबी के नौकर तीनों लोक में साज रही है।।

(4)

कौन ये जानत नरतन अंदर सुंदर श्याम सलोना रती को।
उलट भेद घर हरि को जानो पाँच निशान लगाय जती को।।
नउ दरवाजे दसवीं खिड़की बिराजी लड़की टेरे पती को।
'निपट निरंजन' दर्शन कर ले गुरु कृपा से जाय गती को।।

(5)

खोज करो कोई तनके अन्दर जपे अजब की है एक माला।
दसवें मंदिर तारे जगमग भीतर झूलत नाथ गोपाल ।।
असल पाक दिल चाक नगीना अन्त काल पे सुलगी ज्वाला।
'निपट निरंजन' नाथ नबि के निकसत सुन्दर बाला रे ।।

(6)

सिंधु स्वरूप हले न चलै वह मांझत रंग केली करे है।
वाही को वाही मां होत कुलाहल जैसे जैसे अखंड भरे हैं ।।
कहीक वस्तु विचार करो, कौन कौन को मारत कौन मरे है।
केवल ब्रह्म विलास करे तारत कौन निपट तरे है ।।

(7)

उंठ की पूछ सौ उंठ बंध्यौ इमी उंठन की सी कतार चली है।
कौन चलाई कहाँ को चली जैहिं तहाँ कछु फूल फली है ।।
ये सिगरे मत ताकी यही गती गाँव को नाँव न कौन गली है।
ग्यान बिना सुधि नाहिं निपट सो जीवन जानै बुरी की भली है ।।

(8)

स्वाँस की आस में प्राण वास है, प्राण की आस में वसत हैं साँई।
रात दिन रात सौ नयन न दिसै, चंद्र को बिंब ज्यों चंदर माई ।।
जो कछु उलटी नैनन लखि परै सो माया के परै लखाई।
दिव्य दृष्टि कर उलट निपट बसै अलख लखै तिन पाई ।।

(9)

करे षटकर्म दया नहिं धर्म तज्यो नहि भर्म न कर्म न छूटै।
दियौ बहु दान कियो गंगस्नान विविध विधान करै सब झूटै ।।
जग्य अरुजोग व्रत नेम संजोग मन अभिमान छूटे न गाँठे।
कहे 'निपट', गुरु के ग्यान बिना जो साधन सांधे भये सब खोटे ।।

(10)

रसना से सदा सोहं जपले, स्वांस अभ्यास उच्चार करो।
अजपा जाप सोहं ध्वनि हो नाभी कमल से गुंजार करो ॥
सुरत के घर तीरथ बसै सोहि ब्रह्म निरंजन ध्यान धरो।
कहे 'निपट निरंजन', गुरु चरन लिपट मोह माया जंजाल हरो ॥

(11)

कौन कहां से आये भैया कहाँ पर तुमको जाना होगा।
किसने भेजा कौन काम को किसको हाल सुनाना होगा ॥
नेकी बदी का लेखा-जोखा कैसे तुम्हें चुकाना होगा।
क्या लाये क्या खोया निपट सारा भेद बताना होगा ॥

(12)

ऐसी नशा करना बंदे दिन रात खुमारी उतरेना।
अपनी खुद मस्ती में सदा मस्त फिरे सदा मस्ताना ॥
खुद की खबर नहीं किसी को आशकी बना परवाना।
दिवाने के पीछे निपट भगवान फिरे बनके दिवाना ॥

(13)

जोग अरु जग्य करे बहु अग्य कुंडलनी जगाय बहुतेरो।
आँखहु मुंदत कानहु रूँदत प्रान चढ़ाय गगन ही घेरो ॥
नेती धोती नौली करधौली ध्यान धरे मुनि काहु न हेरो।
शुद्ध स्वस्थ को ज्ञान बिना शठ निपट न ले चौर्यासी फेरो ॥

(14)

भोग में रोग है जोग में संयम काम अरु, क्रोध में बोध नसावे।
भक्ति विरक्ती न होय असक्ति विषय वासना बँधन पावे ॥
शील संतोष निर्दोष रहे कपट कुटिल से ज्ञान नसावे।
'निपट निरंजन' गुरु अंजन ले खलख अलख झलक दरसावे ॥

(15)

कौन को मात कौन को तात आये कहाँ ते तुम्हारे ये नात है।
जात पात किसको सिगरे तू मरके कितको कहाँ जात है॥
नाचत पुतरी देखन को जग डोर नचावंन हार के हात है।
तेरो कहाँ जो तू मेरो कहै हठ निपट विचार काहे पछतात है॥

(16)

यह नींद बड़ी भगनी ठगनी, छन में यह श्रोतन ये हो सवारी।
साधु संत जतीं निचोडे मती छली श्रवण संपती लूटन हारी॥
नहि दीखपरे थों प्रवेश करे ओंडी आई है काली कामरी सारी।
वह कुंभ कनर की है सजनी हरिकथा में निपट होत सवारी॥

(17)

हरिद्वार गयो हरि वाँ न मिला न बन में मिला भटका दीवाना।
मथुरा न अवध न द्वारावती बदरी केदार रे मक्का मदीना॥
न प्रयाग न पुष्कर काशी लिया सब छान पिया न कहीं ना।
चारों ही धामअडसठतीरथ कछु हाथ नहि निज नाथ न चीना॥

(18)

कौन विरह भ्रमर गूंजत चातक कौन से बूँदन तरसे।
नाचत मोर तू कौन के खातीर त्राटक दृष्टि चकोर के दरसे॥
कौन ध्वनी मृग बन में भटकत कोकिला कौन को टेरत स्वर से।
निपट ज्योति पै झपट लगावत काहे पतंग तू प्राण जरी से॥

(19)

योग अरु करै बहुतज्ञ कुंडली जागृत करे बहुतेरा।
आँखहु मुंदत कानहु रुंदत प्राण चढ़ाय गगन ही घेरा॥
नेती धोती मौली धौली ध्यान धरे घट काहु न हेरा।
शुद्ध स्वरूप को ज्ञान बिना निपट फिरे चौर्‌यासी फेरा॥

भजन-संग्रह

(1)

गुरु दत्त निरंजन बन मों।
क्या झूल रहे निरगुन मों ।। धृ०

जटा मुकुट सीस लटके, कण्ठ माल तिरसुल मों।
ध्यान दिगम्बर गदा कमंडल कुंडल ज्योति करन मों ।।

गुरु दत्त निरंजन बन मों।
क्या झूल रहे निरगुन मों ।। ।। 1 ।।

पूत विभूती बीच बदन शोभित मृग छाला।
चंद्र भाल झलक मुख मंडल कुंडल ज्योति करन मों ।।

गुरु दत्त निरंजन बन मों।
क्या झूल रहे निरगुन मों ।। ।। 2 ।।

चार वेद तन रूप खड़े जो निसि दिन ज्योत रमाया।
माया नंदी काम धेनु सम चौबीस नाम मदर सन मो ।।

गुरु दत्त दिगंबर बन मों।
क्या झूल रहे निरगुन मों ।। ।। 3 ।।

रंग रूप कुछ नहीं ब्रह्म कू सुरत बनावत गहरी।
निपट निरंजन गुरु दत्त बन में रमत रह्यो यही बनमो ।। ।।4।।

(2)

क्या जाने नर तन के अंदर सुन्दर श्याम सलोना जी।
इड़ा पिंगला सुषमन बाछा इन तीनों मिलाना जी ।।
उलट भेद काम का न जहाँ है, पाँच निशान लगाना जी।
नौ दरवाजे दसवीं खिड़की उस अंदर एक लड़की जी ।।

जोग जुगत की गत है न्यारी अनुहत सिंगी कड़की जी।
गगन तले दरियाव भरा है तीनों लोक का बंदा जी।।
निपट निरंजन नबी के नौकर, अलख खलक में पाया जी।

(3)

क्या जाने घर भौंदू अपना, गुरु की की नाम निशानी जी।।
इस तन अंदर झूले कलंदर फकीर गडा निरबाणी जी।
अलख खलक में झलके सुहावन, मौज लुटे ज्ञानी जी।।
दस दरवाजे लागे झरोखे, अलख लिखा सो दिवाना जी।
गंगा जमुना सरस्वती और संग लिए तिरबैनी जी।।
जनम-जनम के धो के घोले उलटे घड़े में पानी जी।
चौदे ताल पर महल बनाया, तहां पुरुष निरबानी जी।।
उसी महल में बिजली चमके झूले चंदा रानी जी।
तीन लोक पर छत्र सुहावें तहाँ गुरु असमानी जी।।
ये विद्या कोई भी जोग जुगत बिन जानी जी।
'निपट निरंजन' चरपट मौला चुप रहना गुरु ग्यानी जी।।
नाथ नबि के कदमों ऊपर छोड़ दिये जिंदगानी जी।।

(4)

देखा एक बैरागी हमने, अलख निरंजन बन में जी।
काम क्रोध की धूनि लगाया खाक लपेटा तन में जी।।
तन कड़ासन डाल के आसन भरम की फौज भगावे जी।
सहस्त्र दल पर चढ़कर जोगी, अनहत बाजा बाजे जी।।
अगम निगम सोहं जपता, घूमें मन की माला जी।।
तीन गुन त्रिकुटी के ऊपर भर भर पीवे प्याला जी।
अलख ज्योत से ज्योत मिलाके जोगी बनके देखा जी।।
खड़ा जगत में भिक्षा माँगे भाव भक्ति का भूकाजी।।
मुकाम पूरा सब घट देखा, ऐसा साहेब मौला जी।
निपट निरंजन रूप न रेखा साहि गुरु का चेला जी।।

(5)

खोज करो कोई घट के भीतर जपे अजप की माला जी।
दसवें मंदिर ताले लाये झूले नाथ गोपाला जी।।
लाल पिला सफेद चरखा, तापर श्याम सलोना जी।
ताके पिछे श्याम सलोने निकसत चंदा बालाजी।।
असल पाक दिल चाक नगिना, अंतकाल की ज्वालाजी।
ओहं सोहं लीन भये जब उनमनी में उजियाला जी।।
'निपट निरंजन' चरपट मौला, ऐसा पिलाया प्याला जी।
नाथ नबी का दास गोपाला, गले मोतियन की मालाजी।।

(6)

है कोई ऐसा गुरु का बेटा, घर में ब्रह्म बतावेगा।
अपना रूप आप खोजकर ब्रह्म में ब्रह्म मिलावेगा।।
काया पिंड की रचना जैसी, माया की बिस्तार है कैसी।
त्रिकुट महल में बाजा बाजे अनहद शब्द सुनावेगा।।
महा शून्य की औघट घाटी, गुरु दर्शन की झांकीजी।
गुरु मुख होय गगन मंडल में भर अमृत पिलायेगा।
अलख पुरुष तहाँ लखाई तीन लोक में गुरु ठकुराई।।
लख भानु को हंस स्वरूपा वाको दरस करायेगा।।
'निपट निरंजन' सिरजन हारा, अलख अवगति बिस्तारा।
जहां जनम मरन नहीं है, ज्योति में ज्योत मिलावेगा।।

(7)

धन्य धन्य है लिला तेरी, खेल प्रभु के न्यारे हैं।
तेरे अथाह सागर में कै तैराक गये हारे हैं।।
महा अंध घोर जल पर पृथ्वी मंडल रच डाला।
कमल से ब्रह्मा पैदा करके चारों वेद उचारे हैं।।
कहीं जल और कहीं खुश्की कहीं पहाड़ी दुर्गम।
जुदा किया द्वीप औ औ में जो धरती पै सिंगार है।।
सत् बिन अश्य है कायम लय पाया यार रंग कुदरत का।
चाँद सूरज दोनों दीपक सजाये क्या सितारे हैं।

झाड़ पेड़ बनाके फूलों किसम के गुलशन में।
हर गुल में कुदरत न्यारी अजब तेरे नज़ारे हैं।।
हुवी कायम जब से हस्ती, फना को भी दी शांति।
किसी का बस यहाँ चलता रावण जैसे मारे हैं।
किसकी ताकत निपट निरंजन करे लिला का वर्णन।
ऋषीश्व और मुनिचर, योगीश्वर पुकारे हैं।।

(8)

सगुन निर्गुन एक ही जानो क्यों नाहक भरमाया जी।
माया से ही दोनों भासे सो माया की छायाजी।।
कोई कहे हम निरगुन सेवे, निर्गुन का गुन कैसाजी।
कोई निर्गुन को सगुन कहिये ये एक बड़ा अंदेसाजी।।
निर्गुन का है महातम सगुन भक्त बिराजेजी।
गुन बिन निरगुन हाथ न आवे औगुन देख भाजेगी।।
निर्गुन सगुन को परख लिया जो, कोई बिरला पद पावेजी।
हंस शब्द एक चित्त समावे अमी सुधा रस बरसेजी।।
सगुन के आकार से जानो, निर्गुन की है सत्ताजी।
सगुन नहीं होती जो माया निर्गुन भी नहीं होता जी।।
सब में व्यापक निर्गुन से ही कैसे रहे बिन काया जी।
दृष्टि से परे वह रहकर भी दृष्टि में आन समाया जी।।
'निपट निरंजन' निर्गुन सगुन ज्यों बादल में पानीजी।
साँची पतिवर्ता ही जाती पति की अंतर करनी जी।।

(9)

जीवन मुक्ति उतर पड़े तो पीछ पग फिर धरना क्या।
ऊखल में गर शीष दिये तो मूसल से फिर डरना।।
प्रेम विरह में पिया की धुन में तड़प के मरना क्या।
कीड़े और मकोड़े जैसा सड़-सड़ के मरना क्या।।
जीवन सूर्य अस्त हो जायेगा चैतउ परती ले मन की।
प्रेम नगर की राह चले फिर जीना क्या मरना क्या।।

जीते में ही मरन देख ले उसका जीवन जीवन है।
चौर्यांसी चक्कर में गिरकर मुर्दे जैसा जीना क्या ॥
'निपट निरंजन' छोड़ो भन भन आयु बीत रही है छिन-छिन।
हराम में गर जीवन बीता हरि का नाम सुमरना क्या ॥

(10)

सत गुरु सच्चा मिले अगर तो चेला निर्मल गंगा हो।
जो अपने में आप समाया ज्यों जल बीच तरंगा हो ॥
इड़ा पिंगला और सुषमना, तीनों नाड़ी एक संगा हो।
सदा बहे त्रिवेणी वहाँ जहाँ त्रिकुटी गंगा हो ॥
दिल को खूब मल मल धोया साफ दरपन रंगा हो।
दूर दूर से हुए एक तो दो अंग से एक अंगा हो ॥
रूप सच्चिदानंद है मेरा, हर जुबाँ दिल चंगा हो।
जो अपने में आप समाया, ज्यों जल बीच रंगा हो ॥
दिल तायर के कतर लिये बेपर हुआ निहंगा हो।
तन पिंजरे में पड़ा है पंछी, उड़ न जाय अपंगा हो ॥
क्या मजाल है उड़ान भरले मन मस्ती में मतंगा हो।
ज्ञान का अंकुश लगा लिया हरदम संत का संगा हो ॥
जो अपने में आप समाया, ज्यों जल बीच तरंगा हो।
नाभी कमल से गया मैं सिधा बंक नाल सुरंगा हो।
सुन्न महल में सोया सुख से जाना मरन गिरूंगा हो ॥
क्या मजाल है वहाँ काल की पिछे फिरे वो तंगा हो।
जोग जुगत में जिये हमेशा जुग जुग से ये प्रसंगा हो।
जो कोइ गुरु का ज्ञान लिया वो न कभी दुरभंगा हो।
'निपट निरंजन पाय परमपद कैवल्य धाय अभंगा हो ॥
जो अपने में आप समाया, जीव ब्रह्म में पंगा हो ॥

(11)

मन तू सोच समझ पग धरना ॥
बिन विचार कोई पार न पावे गुरु बिना भरमाना ॥
संसय दुबिधा तर्क वितर्क इससे दूर विचरना ।
जड़ चेतन की गाँठ पड़ी जो जैसे खुले सो करना ॥

माया का बोझ फेंक दे सरसे, काहे के पच पच मरना।
निपट चेतावे चेत बावरे, भवसागर से तरना॥

(12)

गुरु मेरे पूरन ग्यान निधान॥
कोटि अमृत सभ सो बली देवे जीवन प्रदान।
जापर कृपा कल्पतरु है देत अभय दान॥
शरण आये की राखे लाज ऐसे गुरु महान।
जो मांगे गुरु द्वार मिले, ताको करे कल्यान॥
निपट निरंन गुरु चरनन के तन मन से लपटाना॥

(13)

कोई गुरु की गलियां बता देरे।
जाके रंग में रंगे ये तन मन बाकी झलक दिखा देरे॥
लागी लगन गुर चरनन की मन की संसय मिटा देरे।
ग्यान गुरु के बलि जैहों ताही गुरु से मिलाय देरे॥
आशा मेरी पूरन करिये, सोही मंत्र सिखाय देरे।
गुरु शरण में निपट निरंजन अंजन आँख दिखाय देरे॥

(14)

संतो ग्यान बना किरपान॥
गुरु भक्ति को ग्यान॥
काम क्रोध शटरिपु जोधा।
लड़े घेर मैदान॥
दया छमा की ढाल बना के।
जीते शूर सुजान॥
गुरु का मंत्र जपत है निपट।
अलख पुरुष निर्बान॥

(15)

अहं ब्रह्म क्यों कहता बंदे, घट घट क्या शैतानी जी।
भरम रहा क्यों ब्रह्म न जाने, कैसा तू ब्रह्म ग्यानी जी ।।
घटाकाश घट ही में देखा, उसको ही सम मानी जी।
बूंद समाया समंदर में (या) सिंधु बूंद समायाजी ।।
जल में मछली नींद न लेवे, प्यासी पीवे न पानी जी।
ये भेद गुरु के घर का बंदे, अलखनिरंजन बानी जी ।।
कौन समाधि कुंडली आगे कौन राह उनमनी जी।
षट चक्र को भेदे कैसे, सहस्र दल क्या ठानी जी ।।
त्रिकुटी से सत्रावी कला में झिल मिल ज्योत जानी जी।
श्री हाट गोल्हाट औटपीट, पांचों शून्य निरबानी जी ।।
घट घट में जल थल में व्यापक निराकार निशानी जी।
निपट निरंजन गुरु के चरनन, बारबार बलि जानी जी ।।

□□